天皇という「世界の奇跡」を持つ日本

ケント・ギルバート
Kent Sidney Gilbert

徳間書店

天皇という「世界の奇跡」を持つ日本——目次

◎ローマ教皇と天皇の類似点と相違点
◎イギリス王室と異なり、天皇は代替がきかない存在
◎意外にも権威に憧れるアメリカ人
◎天皇に深々とお辞儀して猛批判を受けたオバマ
◎アメリカ人がふれた昭和天皇の大御心
◎日本の「人種差別撤廃の提案」は世界秩序への挑戦にほかならなかった

第2章 占領下の日本で何が天皇を護ったのか

◎処刑を主張した親中派たち
◎天皇存続を強く主張したグルー
◎マッカーサーを動かしたフェラーズ准将の進言
◎皮肉にも押しつけられた日本国憲法が天皇を救った
◎マッカーサーはなぜ天皇の戦争責任を不問にしたのか
◎「人間宣言」と五箇条の御誓文

第4章　憲法のなかの天皇

◎明治憲法のなかの天皇
◎「君主大権」のドイツ帝国憲法をモデルにした理由
◎「大陸法」と「英米法」
◎ポツダム宣言と天皇の地位
◎国体護持を約束しないアメリカ
◎マッカーサー独裁による占領政策
◎国家の指導者は開戦の責任を負うべき？
◎天皇を政治利用したマッカーサー
◎プロイセン型の憲法を英米型に変更
◎「公職追放」はGHQ憲法のための布石
◎英米型憲法を大陸型で解釈する日本憲法学者の愚
◎日本国の憲法は実質的に何度も改正されている
◎天皇は元首なのか

装　幀　井上新八
編集協力　大嶽寿豊
写　真　時事、ＡＡ／時事通信フォト、
朝日新聞社／時事通信フォト、
ｄｐａ／時事通信フォト、
bridgeman Images／時事通信
フォト

序章

日本の中心に天皇が存在しつづけることの貴重さ

日本の皇室の何が尊いのか

日本の建国記念の日は二月一一日です。これは初代天皇である神武天皇の即位日として『日本書紀』に記載されていた一月一日（紀元前六六〇年）を、明治時代に現代の新暦（グレゴリオ暦）に換算したものです。

神武天皇の即位日を建国記念の日とする日本なのですから、当然、天皇とは日本の歴史を象徴する存在です。事実、平成の御代《みよ》までの歴代天皇は一二五代を数え、平成が終わる二〇一九年の日本は、建国から二六七九年目を迎えています。

もちろん、神武天皇を含めて、一〇代～二五代くらいまでの天皇は実在しなかったという学説もあります。それでも確実に存在したとされる継体天皇（在位五〇七？―五三一？）から計算すれば、少なくとも皇室は一五〇〇年以上も存続していることになります。

改めて言うまでもありませんが、現存する世界の王室のなかで、日本の皇室はもっとも長い歴史をもっています。現存する国々のなかで、日本は世界最古の国であり、日本より古い国は地球上のどこにもないのです。

ほかの国は、何度も体制や王朝が滅んでは、再び興るということを繰り返してきました。「五〇〇〇年の歴史」を誇ると自慢する中国にしても、王朝の交代が何度も繰り返されました。その王朝交代は「易姓革命」と呼ばれています。ある姓の一族が支配してきた王朝が打倒され、別の姓の一族が取って代わることを意味しています。

しかも、元や清などの王朝は、中国人の大半を占める漢民族ではなく、モンゴル人や女真族といった異民族が主宰した王朝でした。外国人が中国大陸を統治していたわけです。だから中国人が「中国五〇〇〇年の歴史」と威張ったところで、王朝はコロコロ代わるし、異民族が統治者だった時代もあり、一つの「国」として五〇〇〇年続いているわけではないのです。

神武天皇（画・安達吟光）

実際、現在の中華人民共和国が建国されたのは、第二次世界大戦が終わったあとの一九四九年であり、まだ七〇年しか経っていません。

私は講演会で、歴代の天皇時代において、世界がどのようになっていたかという地図を見せることがあります。世界では国名や国の支配領域が目まぐるしく変わっているのに、日本だけはずっと日本のままなのです。

最初は九州と四国くらいから始まり、少しずつ関西、関東や東北、北海道へと範囲が広がります。台湾や朝鮮半島が一時的に加わったりしますが、日本という国の基本はずっと変わりません。これは他国にはない貴重なことです。日本人はとても貴重で稀有《けう》な歴史をもっている民族であり、その中心にあるのが天皇と皇室の存在です。この事実を、日本人はもっと理解し、意識すべきだと思います。

万世一系という「世界の奇跡」

しかも、日本の皇室は、世界で唯一、男系男子によって受け継がれた一つの系統が、約二七〇〇年も続いている「万世一系」なのです。

これに対してヨーロッパの王室、とくにイギリスでは、男系継承者が断絶したときに、別の家を立てていた兄弟への継承や、女系継承が認められています。そのために血縁は続いても、王室の家名が変わり、王朝名が変わることが繰り返されてきました。

たとえば現在のイギリス王室の血筋は、一〇六六年にイングランド王国を征服したノルマンディー公のギヨーム二世（ウィリアム一世）のノルマン朝まで遡ることができるとされており、一〇〇〇年近い歴史をもつとされています。

しかし、王族と婚姻により、王室執事長の家系から王位継承権を得たステュアート朝（一三七一～一七一四年）が、アン女王の死去によって断絶してしまったため、イギリスは仕方なく、ドイツのハノーヴァー家から国王を迎えました。それがジョージ一世です。母親がステュアート家の血筋だったということが理由でした。これにより、ハノーヴァー朝という新たな王朝が始まりました。

しかし、ジョージ一世は英語を話せず、イギリス文化に馴染めなかったこともあって国民から嫌われ、政務も閣僚に任せきりでした。それが「国王は君臨すれども統治せず」というイギリスの議員内閣制が発達するきっかけとなりました。

こうしてみると、ジョージ一世は完全にドイツ人であり、彼をイギリス人の国王として認めることは、ほとんど不可能です。しかも、ジョージ一世以後のすべてのハノーヴァー朝の君主が、ドイツから配偶者を迎えています。

ハノーヴァー朝の最後は、有名なヴィクトリア女王です。女王の次にその子供が王位を継ぐと、女王の夫（新たな王にとっては父）の家名が王朝名となり、王朝交代になります。

ヴィクトリア女王の夫アルバートは、やはりドイツのサクス＝コバーグ・アンド・ゴータ家の出身でしたから、息子のエドワード七世が国王となってからは、イギリスはサクス＝コバーグ・アンド・ゴータ朝となりました。

ここまでくると、もはやノルマン朝はおろか、ステュアート朝とも血筋がつながっていると言っていいかどうか怪しいところです。むしろ、ハノーヴァー朝となる前に、イギリスの王室は一度、断絶したと言ったほうが正しいと思えるほどです。

現在のエリザベス二世女王は、このハノーヴァー朝からの血筋です。ただし、エドワード七世の息子のジョージ五世は、第一次世界大戦でドイツがイギリスの敵国になったことから、ドイツ系の家名を改称し、王宮のウィンザー城にちなんでウィンザー家と自称しました。そのため、現在のエリザベス二世の王室はウィンザー朝と呼ばれています。

ちなみに、エリザベス二世の夫はヴィクトリア女王の玄孫でギリシャ王子だったフィリップ・マウントバッテン公です。チャールズ皇太子が王位を継ぐ際には、本来、「マウントバッテン朝」になるはずでした。しかし、一九六〇年、イギリスの枢密院はチャールズの姓を「マウントバッテン＝ウィンザー」とすることに決め、チャールズが国王となってからもウィンザー朝の名称が続くことを宣言しています。

その背景には、フィリップ公の叔父であるルイス・マウントバッテン卿が、自分たちの家系がいずれ「マウントバッテン朝」としてイギリス王室を支配するのだと、自らの野心を公言していたからだとも言われています。

それはともかく、イギリス王室は女系継承を認めているだけではなく、とりあえず血筋が少しでもつながっていれば、他国のまったく別の家の外国人であっても、王位を継がせてきたのです。それはつまり、王位継承の候補者が非常に多く、言い方は悪いですが「取り替えがきく」ということでもあります。

しかし、日本の皇室は、皇位継承者を男系男子の血筋のみに限定してきたため、その血統としての純粋性も、家としての連続性も、厳格に守られてきたといえるでしょう。この点はイギリス王室とはまったく異なります。

こうした純粋性を保ちながら、記紀の記述に従えば約二七〇〇年、巷《ちまた》の学説に従っても最低一五〇〇年以上も続いてきた皇室は、世界で唯一無二の存在といっても決して過言ではないのです。

現代も続く「民のかまど」

ここまで述べただけでも、日本の天皇・皇室がいかに貴重な存在かということを理解していただけると思います。ですが、さらに私がすごいと思えるのは、日本国民とのつながりの強さです。

そもそも皇室がこれほど長い歴史を保てたこと自体が、国民から敬愛されてきたことの証でしょう。世界では、フランスやロシア、イランなど、国民による革命で王室が廃絶された国も少なくありません。スペインのように、一度、王室が廃絶されて、その後に復活したものの、王室スキャンダルで再び廃絶論が高まっている国もあります。

私は、現存する世界の君主制の国や王室のなかで、天皇の存在ほど意義が大きいものはないと思います。これは私が「日本びいきだから」ではありません。

というのも、終戦後の日本は、非常に貧しく苦しい時代を迎えることになりました。普通の国であれば、国家元首であった昭和天皇や皇室に対する国民の恨みと憎悪が高まり、皇室廃絶運動やクーデターが起こっていてもおかしくありません。

しかし、昭和天皇は終戦直後の昭和二一年から、全国を巡幸され、敗戦に打ちひしがれた国民に直接声をかけて慰め、励まされています。これに対して多くの日本国民が、万歳の歓声で迎え、涙を流して「感激した」と語っています。日本の国民は昭和天皇に対して、「普通の国」とは真逆の反応を示したのです。

1946年２月、昭和天皇は全国巡幸をスタートさせた（横浜）

「産経新聞」が一九九五年八月八日から連載した「戦後史開封」には、以下のような巡幸のエピソードが書かれています。

「（昭和）二二年八月には一五日間にわたって東北をご巡幸になった。天皇の洋服がみすぼらしいため、侍従の入江相政（後に侍従長、故人）が『米国人も見ていますので』と背広の新調をすすめたところ、『米国は戦争に勝って裕福なんだからいい洋服を着ても当たり前である。日本は戦争に負けて（国民は）着るものにも不自由しているのだからいらぬ』と断られた」

まさに、仁徳天皇の「民のかまど」の話を地で行くようなエピソードです。とはいえ、読者のなかには「民のかまど」をご存じない方もいるでしょうから、簡単にご紹介しましょう。

第一六代天皇の仁徳天皇は、その御代の四年二月六日、高台に登って国を見渡すと、民のかまどから炊煙が上がっていないことに気がつきます。そこで仁徳天皇は群臣に「これは民が貧しいからだ。三年間は徴税や労役を免除するように」と命じます。

仁徳天皇は自らも、衣服や靴はボロボロになるまで着用し、宮殿の塀や屋根が崩れても修繕しませんでした。

こうして三年間が経過し、豊作もあって民は豊かになり、炊煙も立ち上るようになりました。

仁徳天皇七年四月一日、仁徳天皇が高台から国を見渡すと、煙がたくさん上がっています。これを見た天皇は、「朕《ちん》はすでに豊かになった。何も心配することはない」とおっしゃられました。

不審に思った皇后が「何が豊かになったというのですか」とお尋ねになります。これに対して天皇は、お答えになります。

「炊飯の煙が国中に昇っている。これは民が豊かになったということだ」

「宮殿の塀は崩れ、屋内でも私たちの衣服は雨露に濡れているというのに、どこが豊かになったというのでしょう」

「天は民のために君主を立てた。君主は民があっての存在なのだ。古《いにしえ》の聖王は、民が飢えたり、凍えたりしたときには、自らを責めて政策を改めたという。

民が貧しいということは、朕もまた貧しいということだ。逆に、民が豊かになれば、朕も豊かになる。民が豊かになって君主が貧しくなるということは、ありえないのだ」

同年九月には、天皇の住まいが朽ち果てている有様を見かねた諸国の民が、税の支払いと宮殿の修繕を願い出ました。

しかし、それでも天皇は税を免除しつづけ、徴税・労役を再開したのは仁徳天皇一〇年の一〇月、免税から六年後のことでした。宮殿の再築には、誰から命じられるわけでもないのに、老若男女の民が集まり協力し、仁徳天皇の徳を讃えたとされています。

現在の日本では、この「民のかまど」の故事にしても、『日本書紀』や『古事記』の内容にしても、ほとんど学校教育で教えていません。それどころか二〇一五年二月には、愛知県一宮市の中学校長が「民のかまど」の逸話を朝礼で生徒たちに話し、その後、原稿を中学校のブログに掲載したところ、同市の教育委員会から注意を受けて、ブログの記事の削除に追い込まれるという、馬鹿げた事件まで起きました。

これは戦後、占領下の日本でGHQ（連合国最高司令官総司令部）が実施した「ウォー・ギルト・インフォメーション・プログラム」（WGIP）の悪影響が、現代まで継続している明白な証拠です。WGIPとは、日本人に「日本は悪い国だ」という自虐史観を植えつける洗脳工作であり、占領体制が終了してからも、その影響を受けた人たちが、自虐史観教育を熱心に再生産しているのです。

しかし、戦後教育でさんざん日本を貶《おとし》め、国旗・国歌を否定し、愛国心をもつことすら危険だと教えてきたにもかかわらず、日本人の83％が「生まれ変わるなら日本に生まれたい」（二〇一四年一〇月三〇日に文部科学省所管の「統計数理研究所」が発表した「国民性調査」）と答えているほど、日本人のほとんどが日本を愛しているわけです。

ちなみに、反日教育がすさまじい韓国で同様の意識調査を行ったところ、61・1％が「韓国に生まれ変わりたくない」と回答したそうです（二〇一六年一月、市場調査会社マクロミルエムブレインのトレンドモニターが行った調査）。

GHQは日本人の誇りを破壊しようとしましたが、それができなかったのは、古くから続いている確固たる存在、すなわち天皇の存在が続いていることが大きいと思います。

マッカーサーによる天皇存続と皇室衰滅

戦後、アメリカをはじめとする連合国は、昭和天皇を処刑しようとしました。これは昭和天皇をヒトラーと同一視し、凶悪な独裁者だと思っていたからです。

これを押しとどめた中心人物は、ＧＨＱの最高司令官だったダグラス・マッカーサー元帥です。その経緯については本書で後に詳述しますが、ひと言でいえば、天皇を生かして利用したほうが日本の占領統治がしやすいと考えたからです。

アメリカだけでなく連合国のすべてが、極端な軍国主義化を許した「大日本帝国憲法」の改正は必須だと考えていました。しかし、憲法改正案の作成を求められた日本側は、要求の意味と重要性を正しく認識できなかったのでしょう。

一九四六年二月三日、マッカーサーは憲法改正を日本政府に任せていては、連合国一一カ国で形成された日本占領管理の最高政策決定機関である極東委員会が、天皇の処刑を決定してしまう恐れがあるとして、ＧＨＱ自ら憲法草案を起草しようと判断します。

マッカーサーは日本の憲法改正において守るべき三原則を、憲法草案作成の責任者であるコートニー・ホイットニー民政局長に示しました。内容は以下のとおりです。

①天皇は国家の元首の地位にある。皇位は世襲される。天皇の職務および権能は、憲法に基づき行使され、憲法に表明された国民の基本的意思に応えるものとする。

②国権の発動たる戦争は、廃止する。日本は、紛争解決のための手段としての戦争、さらに自己の安全を保持するための手段としての戦争をも、放棄する。日本はその防衛と保護を、いまや世界を動かしつつある崇高な理想に委ねる。日本が陸海空軍をもつ権能は、将来も与えられることはなく、交戦権が日本軍に与えられることもない。

③日本の封建制度は廃止される。華族の権利は、皇族を除き、現在生存する者一代以上には及ばない。華族の地位は、今後どのような国民的または市民的な政治権力を伴うものではない。予算の型は、イギリスの制度に倣うこと。

①と②は、日本国憲法にほぼそのまま採用されました。ただし日本国憲法第一条では、天皇は「象徴」だと記し、「元首」だとは規定されていません。それは、天皇を元首と規

定すると、戦前の大日本帝国憲法と何も変わっていない印象になり、極東委員会を刺激して、天皇処刑論が高じてしまうからだともいわれています。

ただし、マッカーサーは、天皇はそのまま残したものの、皇室については弱体化を招くような施策を行っています。

戦後、ＧＨＱが皇室の財産を国庫に編入したことで、皇室が従来通りに維持できなくなります。そして、一九四七年一〇月一三日の宮内府告示により、昭和天皇の御一家と、秩父宮・高松宮・三笠宮の三直宮《じきみや》家（昭和天皇の兄弟）の計一六人を除く、一一宮家五一人が皇籍離脱を余儀なくされたのです。

皇族が大幅に減少したことが、現在も続く皇位継承問題や、女系天皇容認、女性宮家創設といった議論にもつながっているわけです。

一部では、徐々に皇統が断絶するようにマッカーサーが意図的に皇族の数を減らしたという話もあります。マッカーサーの真意はわかりませんが、いまや皇室が存続の危機にあることは確かでしょう。

私は長年日本に滞在するなかで、天皇や皇室の存在がいかに日本人に大きな影響を与えているかを実感するようになりました。

全国に八万一〇〇〇社余りもあるという神社の多くが、皇室と縁《ゆかり》がある神様を祀っていることは言うまでもありませんが、「ひな祭り」「ねぶた祭り」などのお祭りも、国技といわれる相撲も、皇室由来の神事と不可分であり、天皇や皇室の歴史や神話と密接な関係があります。

また、日本人の国民性を表す言葉として、「和を以て貴しとなす」という成句をよく耳にしますが、これも推古天皇の摂政であり、皇太子だった聖徳太子の言葉です。

『古事記』や『日本書紀』には、皇室と縁のあるさまざまな神様が描かれています。なかにはスサノオノミコトのような乱暴者がいたり、ニニギノミコトのように妊娠した妻に対して「本当に自分の子供?」と疑う神がいたりして、非常にバラエティーに富んでいます。

皇祖神である天照大御神《あまてらすおおみかみ》は女神ですし、その神様が機織りの仕事をしていたりと、とても人間臭い。そのような神様を祖先とする皇室ですから、もともと気取りがなく、皇室と国民との近さを感じます。

本書は、日本に長く住む外国人として、そして戦後の日本社会を大きく左右してきた戦勝国アメリカの法律家として、天皇と日本の関係について考察したものです。

二〇一九年には新しい天皇が即位されます。これから天皇や皇室のあり方は時代によって変わっていくでしょう。その方向性を決める責任は日本国民にあるはずですが、重要な責任を果たすための基礎知識が足りないとも感じます。
本書がその一助になれば幸いです。

二〇一九年三月初旬

ケント・ギルバート

第1章 外国人から見た天皇

天皇への無理解が日本を思いもよらぬ方向へと突き動かした

これから天皇に関する話をするにあたり、私はおもに「外国人から天皇はどのように見えるか」という視点から考えていきたいと思います。

私のような外国人にとって、天皇はとてもわかりにくい存在です。詳しくはおいおい述べますが、根本的な理由は、天皇というものが世界のなかで非常に特殊で、昔もいまも、日本にしかない唯一無二の存在だからです。天皇はローマ教皇とも、イギリスやオランダ、タイなどの王室とも違います。秦の始皇帝から始まって、清の愛新覚羅溥儀で終わった歴代中華王朝の皇帝や、北朝鮮の世襲の独裁者とも違います。比較対象として、ほかに類推する存在がないので、外国人にはうまく理解できないのです。

その結果、自分に理解できる文脈でしか天皇を判断することができず、過去にいくつもの大きな誤解が生じました。とくにアメリカは、天皇というものの本質を見誤り、「日本人の天皇崇拝こそが軍国主義を生んだ諸悪の根源である」として、皇室を廃止寸前にまで追いやってしまったのです。

この天皇への無理解は、もう一つ、大きな問題を内包していました。よく「日本の歴史は天皇を縦軸にして成り立っている」と言われます。日本には天皇という確固とした大黒柱があり、それを中心にして歴史が紡がれているという意味です。日本を理解するためには、必然的に天皇について知らなければなりません。すなわち、外国人が天皇を理解できないということは、国際社会は日本を理解できないということにもつながるわけです。

そして明治の開国以来、アジアを蚕食する西欧列強と対峙しなければならなくなった日本は、それら天皇に無理解な諸外国によって翻弄されつづけ、激動の歴史のなかで、思いもよらぬ方向へと突き動かされてしまいました。その悪影響は今日まで続いています。

では、私の祖国であるアメリカは天皇を、また日本という国をどのように見ていたのでしょうか。まずはそこから検証していくことにしましょう。

天皇を独裁者と誤解したアメリカ

日本で万民に崇敬され、慕われている天皇の存在は、昔もいまも、アメリカ人にはたいへん理解しがたいものです。君主制を採用するイギリス（大英帝国）から、共和制を理想として独立し、建国して二四〇年余りの歴史しかもたない国の人間にとって、二〇〇〇年以上も「万世一系」の、しかも男系だけで世襲される王朝が続く国というのは、まったく異質の世界に見えます。単純にアメリカ人の価値観で推し量れば、そのような存在は、民の上に武力と権力で君臨し、富を搾取しつづける「独裁者」だと考えます。

良識ある日本人が「いいえ。天皇には権威があるだけで権力はなく、国民の安寧を祈る人です」と説明したところで、普通のアメリカ人には何のことかさっぱりわからない。「祈る人」ということは、宗教の教祖なのか？　そういう人物を熱狂的に崇拝し、いざ戦いとなれば死をも恐れず、「天皇陛下バンザイ！」と叫びながら突撃してくる日本人は、ますます洗脳されたカルト集団にしか見えない……。

さらに理解を難しくしているのが、天孫降臨神話をもとに天皇を「神の子孫」としていることです。一神教であるキリスト教を信仰するアメリカ人には、神の言葉を預かる「預言者」というならまだしも、「神そのもの」、あるいは「神の血をひく者」を名乗ることなど、絶対に認められません。それを認めてしまえば、キリスト教の根底となる、神と人間との関係を覆すことになるからです。

これが、戦前から戦後に至るまで、ごく一般的なアメリカ人の天皇に対する見方といっていいと思います。もちろん、強固な同盟国となった現在においては、日本への理解は以前とは比べものにならないほど進んではいるものの、天皇についてはいまも「よくわかっていない」というのが現実でしょう。

現に私自身、天皇を誤解する典型的なアメリカ人でした。一九七一年に初来日したとき、さすがに天皇をカルトの教祖とは思いませんでしたが、天皇はヒトラーやスターリンのような独裁者であり、第二次世界大戦時の日本の元首なのだから、「トップとして戦争の責任を負う必要がある」と、漠然と思っていました。

私はその後、アメリカの大学に戻って「日本語と日本文学」「アジア関係論」を学び、学士号を取得しました。いってみれば「知日派」の部類に入ると思います。ですが、それでも学生時代は、アメリカ人の価値観でしか日本を見ていませんでした。「天皇は独裁者ではない」とやっと気づいたのは、一九八〇年に東京で国際法律事務所に就職し、実際に日本で生活してみて、日本の素晴らしい歴史や文化を肌で感じるようになってからです。

そして、やっと「なるほど、そういうことだったのか！」と、自分でもかなり理解が進んだと実感できるようになったのは、実はここ数年。日本が日米開戦に踏み切った経緯や、敗戦後、ＧＨＱにどのような占領政策を施されたのかなど、自分で詳しく調べるようになってからなのです。それまでは、日本語や日本文化について大学でいくら幅広く勉強していても、天皇について深く考えることはありませんでした。そこが日本という国の中心であり、大黒柱のはずなのに、ポッカリ空白でした。おそらく戦後生まれの日本人の大半も、私と似たようなものではないでしょうか。

二〇一八年一月に公益財団法人「新聞通信調査会」がアメリカ、イギリス、フランス、中国、韓国、タイの六カ国で行った、日本についての世論調査があります。そこでもっとも名前が知られている日本人を一人あげてもらったところ、アジア三カ国の一位はみな「安倍晋三」で、アメリカ、イギリス、フランスのトップはすべて「昭和天皇」でした。欧米人の心の中に、あの戦争の記憶がいかに強く残っているかということです。呼び名を「昭和天皇」としたのは、記事を書いた記者の忖度《そんたく》でしょう。正確な回答は「ヒロヒト」だと思います。「ヒロヒト」と呼び捨てにしているくらいですから、いまも欧米人はなんとなく昭和天皇にマイナスのイメージをもっているのだと思います。

もっとも、アメリカ人の天皇に対するイメージは年齢層によってかなり違いますから、最近のミレニアル世代以降の人たちは、昭和天皇は「昔の戦争の話に出てくる有名人」くらいにしか思っていないかもしれません。

情報の少ない戦前は、さらに偏った見方になっていたでしょう。実際に戦前のアメリカ人が天皇をどう捉えていたかを知るうえで、指標となる興味深い記事があります。真珠湾攻撃の前年、アメリカのグラフ雑誌「ライフ」は一九四〇年六月一〇日号で、天皇についての特集を行っています。表紙に、御料馬《ごりようば》「白雪《しらゆき》」に騎乗する昭和天皇の姿をデカデカと掲載し、その紙面で「日本というよくわからない国に、直接見ると目が潰れると教えられている人がいて、朝食には卵とオートミールを食べる」とレポートしています（『天皇とアメリカ』テッサ・モーリス＝スズキ、吉見俊哉著、集英社新書）。

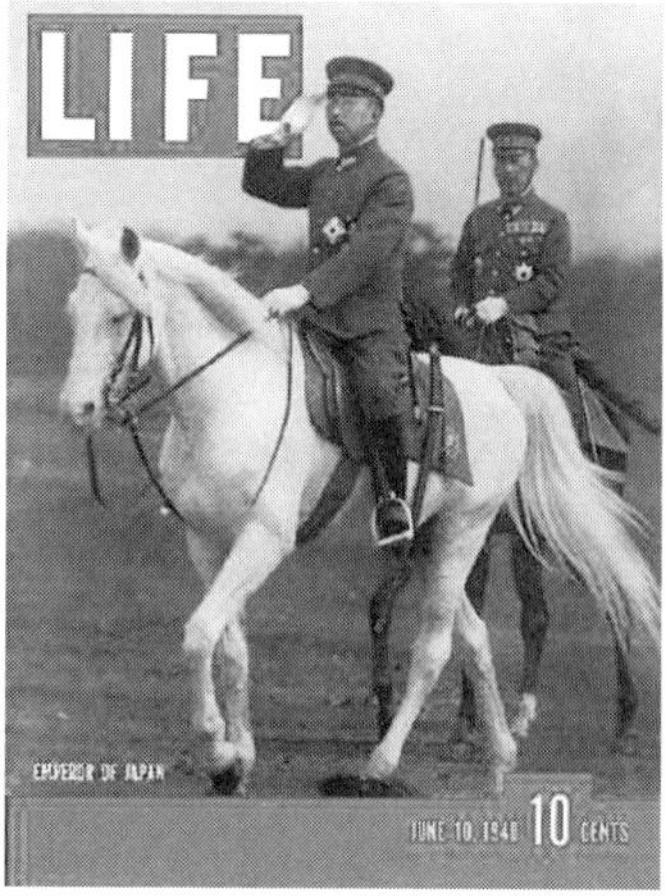

「LIFE」1940年６月10日号の表紙

当時のアメリカ人が、日本をとても奇妙な国と感じ、天皇というよくわからない存在を好奇の目で見ていたことがうかがえます。

やがて、この好奇の目は、翌年に日米開戦の火蓋が切られると、「よくわからない存在」から「世界秩序を乱す邪悪な存在」へと塗りかえられていきます。対日強硬論を唱えるメディアによって、天皇はあたかもヒトラーやムッソリーニと並ぶ独裁者であるかのように報じられ、しだいに悪魔化されていくのです。

人民主権のアメリカにとって天皇は相容れぬ存在

メディアによって悪魔化された天皇のイメージは、アメリカ人の心に強く印象づけられることになりました。すでにドイツが降伏し、残る「敵国」は日本だけという一九四五年六月に実施されたギャラップ社の世論調査によれば、「戦後、日本国天皇をどうすべきだと考えるか」という問いに対して、「殺害・苦痛を強い餓死」36％、「処罰・国外追放」24％、「裁判に付し有罪ならば処罰」10％、「戦争犯罪人として処遇」7％、「不問・上級軍事指導者に責任あり」4％、「傀儡として利用」3％、「その他」4％、「意見なし」12％との結果が出ています（山極晃・中村政則編集『資料　日本占領1　天皇制』大月書店）。つまり、アメリカ人の77％が天皇の処罰を望むほど、天皇は憎むべき邪悪な存在として認識されていたのです。

当時、アメリカ人にとって天皇は敵国の元首ですので、厳罰を望むというのは当然といえば当然なのですが、こうした世論の形成には、「外国勢力による反日プロパガンダ」が大きく関与したともいわれています。ここで私たちが再認識しておくべきことは、日本はアメリカだけと戦っていたわけではなく、「連合国」と戦っていたという事実です。もちろん日本軍が実際にもっとも激しく戦火を交えたのは対アメリカ軍でしたが、イギリスやオーストラリア、オランダ、中国、そして終戦間際には、日本政府が停戦調停を打診していたソ連（当時）までもが、日ソ中立条約を一方的に破棄して対日参戦し、日本がポツダム宣言受諾を発表したあとに、北方領土を略奪しています。

さて、先ほど私はわざと「中国」と書きました。この「中国」とは、中国共産党が一党独裁を行う現在の北京政府、中華人民共和国のことではありません。同国の建国は一九四九年一〇月一日、要するに第二次世界大戦後に生まれた国なので、日中戦争の当時は国家として存在すらしていません。日本が先の大戦中に戦火を交えた「中国」とは、一二年の清朝崩壊当時に建国された中華民国であり、蔣介石が率いた国民党政府のことです。

他方、ロシア革命によりロマノフ王朝を倒したレーニンは、世界中に共産革命を起こし、共産主義を地球規模に拡大しようと目論んでいました。そのためにレーニンは、ソビエト連邦（ソ連）の建国に先立つ一九一九年、コミンテルン（共産主義インターナショナル）を設立しています。このコミンテルンは、アメリカ共産党（一九一九年設立）や、中国共産党（一九二一年設立）の設立や活動を支援しました。つまり中国共産党は、国民党政府を倒すために設立された存在なのです。日中戦争の間は「国共合作」と称して一時的に内戦を休戦し、支那事変が終わったあとに国民党政府を倒すべく、戦火の裏側で爪を研ぎつつ謀略をめぐらせていたのです。余談ですが、一九二二年から続く日本共産党のルーツは、コミンテルン日本支部です。

表向き、戦時中のアメリカは中華民国を支援したことになっています。蔣介石やその妻の宋美齢は重要人物として扱われ、彼らはアメリカ国内で、日本の天皇を自国の皇帝にたとえて、残虐な存在と喧伝しました。そして、アメリカの政権内部にも「天皇制（エンペラーシステム）」の廃止を強く主張する「親中派」勢力がいました。

ちなみに「天皇制」という日本語は、天皇と皇室の打倒を目論む左翼勢力が、コミンテルンから伝えられ使い始めた言葉だそうです。そのため「保守派の人は使うべきではない」とも言われますが、私はアメリカ人として耳慣れた「Emperor System」の翻訳語として、本書では「天皇制」という言葉を使います。他意はありません。

さて、アメリカの政権内部の「親中派」には、アメリカを利用して日本の国体を破壊し、日本でも共産主義革命を実現しようと目論む、コミンテルンのスパイや協力者がたくさん含まれていました。彼らの正体は、蔣介石の国民党よりも、毛沢東の中国共産党を応援する共産主義者でした。

フランクリン・ルーズベルト大統領の「反日親中ぶり」と、ソ連指導者スターリンとの親密すぎる関係は、現代の常識では考えられないレベルでした。このあたりの話は、「コミンテルンハンター」の異名をもつ江崎道朗氏の著書『コミンテルンの謀略と日本の敗戦』（ＰＨＰ新書）や『日本は誰と戦ったのか』（ワニブックスＰＬＵＳ新書）などに詳述されています。

あとで述べますが、戦後の天皇の処遇についてアメリカ内部で激しい対立が巻き起こったとき、頑なに「天皇制の廃止」を訴えていたのも「親中派」たちですが、そこには多数の共産主義者が含まれていたのです。いずれにしても「外国勢力による反日プロパガンダ」はアメリカで大成功を収めました。中国共産党は、この成功体験が忘れられないのでしょう。いまでもまったく同じように、「反日プロパガンダ」を世界中で繰り広げていきます。

とはいえ、世論が天皇処罰に大きく傾いたというのも、アメリカという国家の成り立ちを考えれば、うなずける部分もあるのです。

アメリカ合衆国は、北アメリカ東海岸のイギリス領一三植民地が、本国イギリスと戦って独立した国です。きっかけは、植民地アメリカに対するイギリス本国の、課税と支配の強化でした。一七六三年、フランスとイギリスが北アメリカの領土をめぐって戦った「フレンチ・インディアン戦争」が終結します。国王ジョージ三世とイギリス議会は、その戦費を植民地への課税で賄うと一方的に決めて、砂糖法、印紙法、茶法といった課税政策を次々と成立させていきました。これに対し、独自の発展を進めてきた一三植民地は、自治権を求めて本国に抵抗し、大陸会議を開催して結束します。この対立がやがて独立戦争へと発展し、植民地軍総司令官ジョージ・ワシントンらの活躍で、ついにイギリス本国の正規軍との戦争にアメリカ側が勝利して、独立を勝ちとりました

トマス・ジェファーソンによって起草され、一七七六年に第二回大陸会議で批准された独立宣言には、「われわれは、以下の事実を自明の理と信ずる」と前置きしたうえで、「すべての人間は生まれながらにして平等であり、その創造主によって、生命、自由、および幸福の追求を含む不可侵の権利を与えられている」と記されています。この「平等」「生存権」「自由」「幸福追求権」の四つの原則は、それまでの世襲による君主制を否定し、一般国民に権力を与えようという合衆国独立の精神というべきもので、のちに制定された合

衆国憲法にも引き継がれています。ちなみに「生命、自由及び幸福追求に対する国民の権利」を定めた日本国憲法第一三条は、このアメリカ独立宣言が由来とされています。

実は、アメリカの独立決定後、軍部の一部にいたワシントン司令官の熱狂的支持者の間で、「ジョージ・ワシントンを国王にしよう」という動きがありました。しかし、ワシントン自身がそれを固辞しています。国王という存在自体が、先の四つの原則に反しているという判断からです。

その後、ワシントンは公式な選挙によって初代大統領に選出され、文字どおり「建国の父」となりましたが、いまも合衆国憲法の第九条第八項には、「合衆国は、貴族の称号を授与してはならない」と規定されています。また、第一〇条第一項にも、「州は、（中略）貴族の称号を授与してはならない」とあります。つまり、アメリカの連邦政府も州政府も、「貴族」というものを設けてはならないと、憲法で明確に禁止しているのです。

ですから、君主制を否定し、国王も貴族ももたない「人民主権」の国として誕生したアメリカ合衆国の国民にとって、「現人神《あらひとがみ》」ともいわれた日本の万世一系の天皇は、一神教であるキリスト教の宗教的な観点からも、また、特権階級を認めないアメリカ合衆国建国の精神からも、二重に否定される存在として映るのです。

天皇の存在を見誤った西洋

価値観の違いから、双方に誤解が生じるというのは国際社会ではよくあることです。ですが、天皇に関する場合、非常にレアなケースと言わざるをえません。なにしろ実像とは一八〇度、まったく逆のものと捉えられてしまったわけですから。

たしかに、戦前の日本は天皇を中心とする立憲君主制で、天皇は「主権者」として、明治憲法（大日本帝国憲法）に規定される「天皇大権」を有していました。これには軍の統帥権も含まれます。アメリカがそれを文字どおりに捉えて、天皇を「独裁者」と見なしたのも、無理からぬ話だったのかもしれません。しかし、天皇が大権を有しているからといって勝手に行使できるわけではなく、実際は大臣が輔弼《ほひつ》し、天皇はそれを裁可する存在にすぎませんでした。戦中も結局、中国大陸での戦線拡大を望まない昭和天皇の「大御心《おおみこころ》」を無視して暴走する軍を止めることができなかったように、天皇の実像は、アメリカの想像や理解とはまったくかけ離れた存在でした。

しかし、西洋人の意識では、大東亜戦争で日本人は、「天皇の命令により死をも恐れず戦った」と見えていたわけです。しかも、キリスト教の価値観に照らすと、天皇は国家神道という「邪悪な宗教」の教祖的な存在です。西洋人は、これは自分たちが五〇〇年前にやめた宗教上の「聖戦」ではないかと、日本の戦争を解釈したわけです。

そのためアメリカは、戦後の占領政策のなかで、これを完全に壊そうと考えました。だから、国家神道をまず禁止しました（神道指令）。さらにこれを徹底するために、全国の神社を破壊し、天皇も処刑しなければならないというのが、大方の意見だったわけです。

天皇が処刑をまぬかれた経緯については、次章であらためて述べますが、ＧＨＱはその後、日本国憲法のなかで、天皇を国民の「象徴」と位置づけて、憲法の文言上、政治から切り離しました。

だから、アメリカ人をはじめ西洋人は、「アメリカが日本人に政教分離を教えた」と思っているのです。

奈良・平安時代まではたしかに、祭祀を司る天皇が政治の実権も握っていた時代でした。しかし、鎌倉時代以降、武家政権が誕生してからは、政治の実権は武士へと移っています。以来、江戸時代まで天皇はすでに象徴的・権威的な存在であって、権力や軍隊を使って武家政権を操るような存在ではありませんでした。ある意味、日本では、鎌倉時代から政教分離が行われていたともいえるわけです。

江戸時代は諸藩が割拠する封建社会でしたが、江戸末期になると、東南アジアの植民地化を終えていた西欧列強が、東アジアにまで到来し、次々に植民地化しようと活動を活発化させます。一八四〇〜四二年のアヘン戦争では清がイギリスに敗れ、香港割譲などの不平等条約を結ばされています。また、日本には黒船でペリーが来航し、一八五八年には日米修好通商条約という不平等条約の締結を余儀なくされました。

弱腰な江戸幕府に危機感を覚えた日本の志士たちは、日本全国の力を結集して列強に対抗することが必要だと考え、天皇を政治のなかにもう一度引き入れ、日本を再統合しようとしました。これが明治維新につながったわけです。

もっとも、日本の開国に成功したアメリカは、南北戦争（一八六一〜六五年）が起こったので、一時的に日本から退きました。その間、イギリスとフランスが入り込んできて、不平等条約を結ばせるとともに、イギリスは薩長側に、フランスは幕府側に近づきます。

英仏両国は、支援の名目で武器を売りつけ、幕府と倒幕派の双方をけしかけて、さかんに内戦を煽りました。その結果、戊辰戦争（一八六八〜六九年）が起こったわけです。これは発展途上国を植民地化するときの常套手段です。

場合によっては、日本の内戦は泥沼状態で長期化する可能性がありました。ですが、日本には私利私欲に走らず、「国益」を最優先に考えられる、冷静で成熟したリーダーが複数いたおかげで、大政奉還、王政復古の大号令を経て、天皇中心体制へと移行し、国をとりまとめることができました。西郷隆盛と勝海舟が話し合って、江戸城を無血開城できたことが大きかったと思います。実は、幕藩体制から明治維新までの日本の劇的な変化には、西欧諸国の思惑も、一枚どころか何枚も嚙んでいたわけです。

とはいえ、明治以降の天皇中心体制は、大日本帝国憲法の文言においては、「天皇主権」として定められていたものの、現実には先に述べた通り、「臣下」が決めたことを追認する立場にすぎず、ヒトラーのような独裁者とはまったく異なっていました。天皇は、さまざまな決定の際の「錦の御旗」にすぎなかったことは明らかです。

その一方で、日本の軍隊は「皇軍」として天皇陛下の直下に置かれたので、政治家や官僚による軍隊への関与は、大日本帝国憲法の文言上、「統帥権干犯」になってしまいます。その制度上の弱点を、暴走した一部の軍国主義者に利用されたというのが歴史的事実でしょう。さらに、その軍国主義者たちも決して一枚岩ではなく、陸軍と海軍は常に予算を奪い合って対立していました。それだけでなく、陸軍内部と海軍内部にも、さまざまな派閥間の対立がありました。

ところが西欧の目には、天皇が独裁者として「皇軍」に命令を出し、自ら戦争を主導したように映りました。たしかに明治維新後は、形式だけでも天皇親政としたわけですから、それも無理のないことかもしれませんが、明治から終戦までの約八〇年は特殊な期間であり、むしろ鎌倉から江戸時代の約七〇〇年のほうが、元来の天皇のあり方だったといえるわけです。

もちろん、アメリカ人のなかにも、天皇が政治的主導権をもたず、明治期以降もずっと象徴的存在だったことを、戦前から見抜いていた人もいました。そうした人物の尽力もあって、戦後、天皇は処刑をまぬかれたという一面もあります。そのことについては、次章で述べたいと思います。

天皇は「エンペラー」とは異なる

ところで、天皇のことを英語で「emperor（エンペラー：皇帝）」と言いますが、そもそもこの訳語自体、言葉の意味を考えればふさわしいものではありません。なんの前提知識もない西洋人が「天皇とはemperorだ」と言われれば、西洋の皇帝のような存在と錯覚してしまうからです。

「emperor」の語源はラテン語の「imperator（インペラトール）」であり、もともとは古代ローマ帝国においてローマ軍の最高司令官を指す言葉でした。そこから、ローマ帝国の正統的継承者を示すようになり、その後、複数の国を従える絶対権力者＝皇帝に対して使われるようになりました。その意味で、日本の天皇は絶対権力者の皇帝とは別物ですから、訳語としてふさわしくないのです。戦後の天皇は、ますますそうです。

では、なぜ天皇が「emperor」と呼ばれるようになったのでしょうか。「江戸時代の日本は、各藩が独立した国のようなものであり、それを束ねる天皇は皇帝のような存在だったから」とか、「emperorと呼ばれるようになったのが植民地を統治する大日本帝国の時代だったから」など、いろいろな説ありますが、どれも説得力を欠きます。

それを理解するためには、天皇という称号の由来について、もう少し知っておく必要があります。

天皇という称号が使われるようになったのは、七世紀頃といわれています。これには中華皇帝の存在が深く関係しています。六〇七年、推古天皇の皇太子で摂政を務めていた聖徳太子は、遣隋使として小野妹子を派遣し、隋の煬帝《ようだい》宛てに次のような国書を送ります。

「日出ずる処の天子、書を日没する処の天子に致す。恙無《つつがな》きや」

聖徳太子といえば、誰もが思い浮かべる有名な書です。このなかで、聖徳太子は「日出ずる処の天子」＝「日没する処の天子」と、推古天皇を中華皇帝と同格の存在として表記したのです。これに煬帝は激怒しました。中華思想では、皇帝は世界で唯一の絶対的な存在です。華夷《かい》秩序のなかで下に位置する夷狄《いてき》の国の王が、皇帝と対等な関係を称するなど許されなかったのです。

そのことを聖徳太子が知らないはずがありません。皇帝を激怒させてまで、あえてこのような書を送ったのには、思惑や計算があったはずです。当時、隋は西晋以来、約三〇〇年ぶりに中国大陸を統一した王朝でした。隋は高句麗、新羅といった周辺諸国を次々と冊封体制に取り込んでいきます。大国・隋の出現は、日本にとっても脅威だったのです。

そんな切迫した時代にあって、自らの君主を、皇帝と対等であると主張することは、日本は中華の冊封を受けない、独立した国だということをあらためて宣言する、いわば独立宣言の意図があったのです。

また、書を送った時期も絶妙のタイミングでした。乱立する諸国を統一したとはいえ、隋は隣国である高句麗と紛争が絶えませんでした。冊封体制に取り込んだあとも、高句麗は常に反撃の機会をうかがっており、鎮圧のため隋は何度も高句麗遠征を繰り返していました。高句麗軍は思いのほか手強く、五九八年の戦いでは隋も大きな損害を受けています。隋としても、高句麗だけでも手を焼いているのに、そのうえさらに日本と敵対することはどうしても避けたかったのでしょう。事実、あれだけ煬帝を激怒させたにもかかわらず、隋は小野妹子を処刑することなく、無事に送り返しています。機を見るに敏な聖徳太子の慧眼《けいがん》です。

そして、翌年、再び隋に小野妹子を送り、国書にこうしたためました。

「東の天皇、敬《つつし》みて、西の皇帝に白《もう》す」

ここに初めて天皇という称号が登場したのでした。

このように、天皇という称号は、中華皇帝と対等の君主であるという宣言から生まれたもので、「emperor」の訳語もここからきていると考えられます。中華皇帝を「emperor」とするなら、天皇も「emperor」でなければ釣り合いがとれないのです。そのため、本来の天皇とはニュアンスがかなり違っているにもかかわらず、「emperor」という訳語があてられたのでしょう。

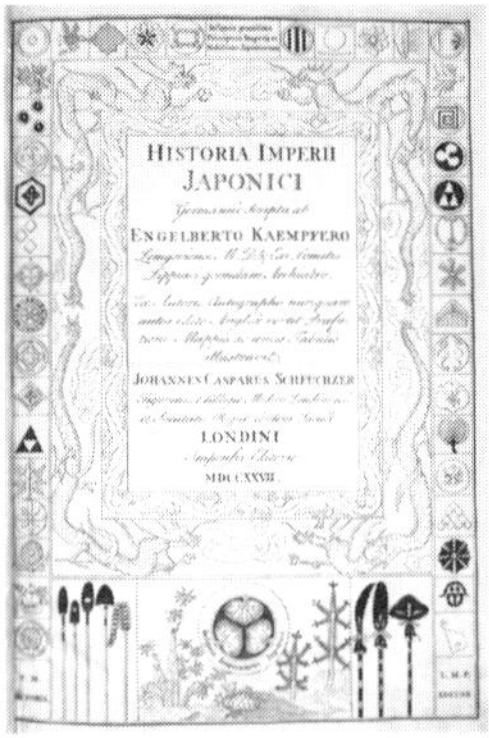

ケンペルによる『日本史』（1727年）

天皇を「emperor」と誰が最初に訳したかについては諸説があり、オランダ商館づきのドイツ人医師、エンゲルベルト・ケンペルが書いた『日本誌』が初出ともいわれています（余談ですが、私はテレビドラマ「水戸黄門」でケンペルの役を演じたことがあります）。しかし、開国間もない明治の初期頃は、「emperor」が訳語として必ずしも定着していたわけではなく、イギリス外交官で日本に赴任したアーネスト・サトウは著書『一外交官の見た明治維新』のなかで、「ミカド」という日本語をそのまま使っています。天皇を無理矢理、皇帝と訳すより、こちらのほうが天皇の本質がよく伝わるのではないかと、私には思えるのですが。

ローマ教皇と天皇の類似点と相違点

アメリカ人が天皇について理解しようとするとき、よく引き合いに出されるのがローマ教皇とイギリス王室です。ともに権威的な存在で、世界から慕われています。両者と天皇には、どのような共通点があり、また違いがあるのでしょうか。

ローマ・カトリック教会の最高位聖職者であるローマ教皇は、世界の全カトリック信者のトップです。古代キリスト教の伝承によれば、初代の教皇は一世紀に始まり、キリストの一二名の使徒の一人であった聖ペテロとされています。その後、権威が増すにしたがって、継承者は「地上におけるイエス・キリストの代理人」を称するようになり（これには宗派によって異論があります）、現在の教皇であるフランシスコは第二六六代にあたります。

ローマ教皇は全カトリック教会の首長という宗教的権威を有すると同時に、世界最小の独立国家バチカン市国の元首という立場にもあります。一九世紀半ばまでバチカンは、イタリア北部に広大な教皇領を保持していました。しかし、一八七〇年、イタリアの統一とともに領地は接収され、教皇ピウス九世は「バチカンの囚人」と称してバチカンに引きこもります。その後、約五〇年にわたってイタリアとの断絶が続きますが、一九二九年にベニート・ムッソリーニ首相との間でラテラノ条約が締結され、教皇領を放棄するかわりに、バチカンの独立が保障されることになりました。

面積わずか0・44平方キロメートルと、東京ディズニーランドの敷地にも満たない小さなバチカン市国ですが、この小国の元首はとても大きな力をもっています。なぜなら、世界に一二億人といわれる膨大な信者を抱えているからです。世界に広がるカトリック教徒のネットワークはアメリカのＣＩＡ（中央情報局）をも凌ぐといわれています。そのトップであるローマ教皇にどれほど影響力があるかは、言わずもがなでしょう。

ローマ教皇と天皇は、ともに宗教上の地位と権威を有しており、神と人とを結びつける接点としての存在と考えれば、非常によく似た存在といえます。また、中世における教皇と皇帝との関係も、世俗的権力者である皇帝が、教皇という宗教的権威から認められることを必要としていたという点でも、天皇と将軍の関係に似ています。ローマ教皇はその意味で、ほかのどんな存在よりも、天皇に近いといってもいいでしょう。

しかし、両者には決定的な違いもあります。第一に、教皇は世襲ではありません。そもそもカトリックの聖職者は生涯独身が義務ですから、教皇の世襲は物理的に不可能です。そして第二に、腐敗です。中世、カトリック教会は聖職者の腐敗がひどく、世俗の権力と結びついて贅沢三昧に明け暮れていました。神父の職は金で売買され、教義で禁止されている妻や愛人をもつ者もいました。

とくに宗教改革が始まる直前のカトリックは、教会そのものが既得権益の権化と化し、豪華な教会をつくるために免罪符を売って商売をしていたわけです。その後の宗教改革、市民革命、そして産業革命と続く一連の動きは、根本にカトリック教会の腐敗が存在し、「そのような腐敗は許せない」という市民感情と並行して進んでいったというのが歴史の大きな流れです。

アメリカ人が天皇を否定的に捉えたのも、ベースにこうした歴史観があるからこそ、「権力は必ず腐敗するものだ」と安直に考えたところが少なからずあったと思います。

もっとも、歴代の天皇や皇室が腐敗と一切無縁だったかといえば、そうともいえません。血なまぐさい跡目争いも何度かありましたし、院政が敷かれた時代など、道徳や倫理が乱れたときもありました。しかし、腐敗は権力者の「特権」ではなく「悪」だと捉える方向に戻れたからこそ、皇室は一度も滅ぼされることなく、「万世一系」を維持できたのでしょう。これは神道が「穢《けが》れ」を嫌うおかげかもしれません。

日本の天皇は八百万《やおよろず》の神々と人々をつなぐ神聖な存在であって、ことさら贅沢をしたり、暴力や権力、富の力で人を屈服させたりすることは見苦しいという認識が、現代でも日本人の精神の奥底にあるように感じます。

イギリス王室と異なり、天皇は代替がきかない存在

　では、天皇とイギリス王室の違いはどうでしょうか。一六世紀半ば、ヘンリー八世の離婚問題が端緒になって、ローマ・カトリック教会から分離独立したのが、イギリス国教会（聖公会、アングリカン・チャーチとも呼ばれる）です。イギリス国王はそのトップということになります。イギリス王室は皇室同様、王位の継承は世襲制であり、日本人にも両者は似たような存在として親近感をもっている人が多いようですが、私にはまったく異質なものに見えます。

　その理由として、イギリス王室は連続していません。序章でもふれたように、過去に何度も途絶えています。一七世紀のピューリタン革命では、国王の処刑で王政が廃止され、イギリスは一時的に共和政になっています。これも序章で述べましたが、一八世紀にはステュアート朝の王位継承者がいなくなり、王室の遠縁にあたるドイツのハノーヴァー家から国王ジョージ一世を迎え入れています（この系譜は現在の王室の祖となっています）。ジョージ一世は英語をまったく理解することができず、国政にも関心をもちませんでした。

そのため議会政治がとてもよく発展し、彼の治世で「国王は君臨すれども統治せず」が決定的になったといわれています。

このような歴史から、天皇との違いが見えてきます。それはイギリスにとって王室という存在は、必ずしも必要なものではなく、ほかのものでも代替が可能ということです。極論すれば、あってもいいし、なくてもいいのです。王室がなくても、イギリスという国は存在したし、現在の王室に問題があれば、ほかの血統に替えてもいいのです。

その点、天皇は代替がききません。万世一系の天皇は、どんなに優秀で人望の厚い人物であっても、とってかわることはできません。「神の子孫」にしかなれない、それが天皇なのです。もしイギリスのように、過去に天皇や皇室を廃止したり、血筋を替えてしまったりしていたら、おそらく日本人は拠りどころを失い、日本という国自体が消滅していたのではないでしょうか。

戦後の日本人にその意識は低いかもしれませんが、少なくとも日本という国に対して、外国人が多大な尊敬や憧れを抱くのは、神話の時代から続く天皇の存在があってこそです。そのような感覚は、イギリス王室には感じられません。日本にとって天皇とは、国の存続を左右する根幹であり、それほど重い存在です。そのことを多くの日本人が理解していないことが、現在の日本にとって大きな問題だと私は考えています。

意外にも権威に憧れるアメリカ人

私は先に、アメリカは「君主制を否定し、国王も貴族ももたない『人民主権』の国」として誕生したと述べました。そうであるならば、前段で取り上げたローマ教皇やイギリス王室に対して、アメリカ国民はもっと否定的な見方をしてもよさそうなものですが、不思議なことに両者は、アメリカ国民に大人気なのです。

とくにイギリス王室は人気で、毎週のように王族の一挙手一投足が、アメリカのゴシップ誌を騒がせています。

また、天皇にしても、戦争の記憶がまだ残っている世代の反応は微妙なところがありますが、すでに戦後七〇年以上が経過しており、現在ではむしろ皇室に対する興味のほうが勝っているようです。私の妻も日本の女性週刊誌が取り上げる皇室の記事の翻訳を、夢中になって読んでいます。美智子皇后陛下、雅子皇太子妃殿下（二〇一九年三月現在）にとても同情的で、ほとんどメディアに洗脳されているといっていい状態です。

今上《きんじょう》天皇は一九九四年六月一〇日から約二週間、アメリカを訪問されましたが、その最中の六月一四日に、ハリス社が日米両方で行われた世論調査の結果を発表しました。

「『日本の天皇』という言葉を聞くとき何を思い浮かべますか?」という質問に対して、アメリカ人は「日本の伝統」29％（15％）、「戦争と軍隊」８％（８％）、「異文化の神秘性」19％（１％）、「日本国の象徴」32％（44％）、「平和」５％（29％）、「その他、わからない」８％（６％）と答えました（カッコの中は日本人の数字）。

「日米関係でもっとも気になる課題は?」という質問に対して、「過去の戦争」がアメリカ人７％、日本人６％でした。両国とも、もっとも多い答えは「経済摩擦」（米52％、日44％）と「将来の二国間の関係」（米39％、日46％）でした。

また、「天皇陛下が真珠湾を訪問すべきかどうか」については、「すべき」（米44％、日39％）、「すべきではない」（米47％、日38％）、「わからない」（米９％、日23％）でした。

アメリカは日本やヨーロッパと比べれば歴史の短い国ですので、伝統のあるもの、権威的なものに、とても憧れがあるのだと思います。合理的でドライといわれるアメリカ人も、その辺は意外にも人間的ということでしょうか。

私も天皇陛下を尊敬していますし、イギリス王室にも敬意を払っています。もちろん、ローマ教皇にも敬意を表していますが、イギリス王室とローマ教皇に関しては少し違う見方をしています。

二〇一五年九月、現ローマ教皇フランシスコ猊下《げいか》がアメリカを訪問しました。ベネディクト一六世から七年ぶりの教皇の訪米を、アメリカは国賓待遇で迎え、全米に「ポープ・フィーバー」が巻き起こりました。「ポープ」とは、元々ギリシャ語で〝父〟を意味し、ローマ教皇のことを親しみを込めて呼ぶ愛称です。英語ではそのまま「The Holy Father」（御父）と呼ぶ場合もあります。

実は同時期に、中国の習近平国家主席も訪米していたのですが（教皇と習近平を比較するのもどうかと思いますが）、教皇の陰に隠れてまったく注目されませんでした。あの「チャイナ・ニュース・ネットワーク」と揶揄《やゆ》されるCNNでさえ、習近平訪米についてほとんど取り上げず、全米がローマ教皇一色に染まったのです。

私はこのニュースをたいへん興味深く注視していました。アメリカはプロテスタントの国です。もともとイギリスでの宗教弾圧を逃れ、大西洋を渡ってきたピルグリム・ファーザーズが切り拓いた国です。そのような国で、カトリックの最高位聖職者である教皇がどのような歓迎を受けるのか、とても興味があったのです。

過去に遡っても、アメリカとバチカンの関係は決して良好だったとはいえません。理由は一九世紀に始まるアイルランド人、イタリア人移民の増加です。彼らはカトリック教徒であり、アメリカ政府は国内におけるカトリックの人口が増すことが、バチカンの内政干渉を招くのではないかと恐れていたのです。ちなみに歴代アメリカ大統領のなかで、カトリック教徒はアイルランド系のジョン・Ｆ・ケネディだけです。両者の関係はレーガン政権のとき、ポーランドのレフ・ヴァウェンサ（ワレサ）議長率いる「連帯」の支援に、同じポーランド出身のヨハネ・パウロ二世と協力することで解消されましたが、それまではお互いに大使館すらありませんでした。

さて、前述のとおり、ローマ教皇の訪米は大歓迎のうちに幕を閉じたわけですが、少し複雑な気持ちもします。約四〇〇年前に宗教の自由を求めてメイフラワー号に乗った人たちは、この光景をどう思ったでしょうか。

天皇に深々とお辞儀して猛批判を受けたオバマ

前述したように、すでに戦後七〇年以上が経過している現在、日本の天皇に対して憎しみや敵対感情をあらわにするアメリカ人はきわめて少なくなりました。それはアメリカ大統領やアメリカ人を、「かつての敵国だから」という理由で敵視する日本人が、ほとんどいないのと同じことです。

むしろアメリカ人のなかには、一五〇〇年以上も皇室が続いてきたことに興味をもち、私の妻のように、ある種の憧れをもつ人も増えています。

とはいえ、第二次世界大戦の退役軍人など、戦争を経験した世代は、ふとしたことで以前の悪感情を思い起こしてしまうこともあります。

御所を訪れ深いおじぎをするオバマ大統領（2009年11月）

二〇〇九年に初の黒人大統領に就任したバラク・オバマ氏は、アジア歴訪の一環で同年一一月に初来日した際、皇居を訪問し、天皇皇后両陛下に拝謁を賜りました。このとき天皇に対し、腰を九〇度曲げて深々とお辞儀をしたことで、アメリカ国内から猛批判を受けることになりました。

とくに海外戦争復員兵協会、そのほか種々の退役軍人組織からの反発は凄まじく、「アメリカ人を何十万人も死なせた張本人の子孫に頭を下げるとは何事だ」「どうして戦勝国の大統領が敗戦国に頭を下げなければならないのか」といった声があがり、また保守系の論客からも「お辞儀はオバマ政権下でアメリカが弱体化し、自国を卑下していることの表れだ」とさらに強硬な意見が噴出したのです。

オバマ大統領がお辞儀をする場面は、テレビの政治トークショーなどでも繰り返し放映され、この騒動は社会問題にまで発展しました。過去に天皇に謁見したアメリカ要人の写真をもちだして「誰もお辞儀などしていない」と批判する評論家まで現れ、ついにオバマ政権側も、アメリカの政治専門サイト「ポリティコ（Politico）」で、「大統領はたんに日本の慣習を順守しただけ」であり「この問題の政治化を試みる人々の主張はまったく的外れだ」と反論しなければなりませんでした。

私は、個人的には、オバマ氏のお辞儀が元首として不適切だったとは思いません。アメリカ大統領が天皇を晩餐会に招くときは、国際儀礼でも最高儀礼とされるホワイトタイ（燕尾服）を必ず着用します。世界でもっとも長い伝統を受け継ぐ天皇に相応の礼をもって接するのは、元首として当然のことです。頭を深く下げたところで、何の問題もありません。

しいて難癖をつけるとすれば、オバマ氏のお辞儀の仕方がまずかったということくらいでしょうか。オバマ氏は二〇〇九年四月にも、サウジアラビアのアブドラ国王へのお辞儀を批判されるなど、どうもお辞儀が下手なのです。あらためて当時の映像を確認すると、たしかに、礼の仕方が不格好で、卑屈な感じに見えます。二〇一四年に、青瓦台で朴槿恵《パククネ》大統領と会見したときの、舛添要一都知事（当時）の姿を連想してしまいます。あそこまで卑屈でないにしろ、背中に緊張感が漂ってぎこちなく、威厳が感じられません。オバマ氏は事前にもっとお辞儀の練習をしておくべきでした。

そんなことより、むしろ私にとって興味深いのは、この一件で、日本に対するアメリカ人の本音が、くしくも浮き彫りになったということです。戦後七〇年以上たったいまでも、天皇にお辞儀をすることも許せない。アメリカには日本の「戦争の罪」を信じ込み、まだ許していない人たちがいるのです。同盟国になったからといって、過去をすべて水に流せるものではないわけです。こうした「戦勝国史観」が根強い世論を背景に、現在の日米関係が成り立っていることを、日本のみなさんにもぜひ知ってもらいたいと思います。

この一件がよほど堪えたのか、二〇一四年の二度目の謁見では、オバマ氏は毅然とした態度で握手を交わし、お辞儀をしませんでした。二〇一七年一一月に天皇に謁見したトランプ大統領も、握手の際に軽く会釈したのみでお辞儀はしていません。帰り際にトランプ大統領は両陛下の右腕を二回、叩くような素振りを見せたということで、国際儀礼からすれば、こちらのほうがよっぽど失礼な行為なのですが、どこのメディアも騒ぐことはありませんでした。

こうした天皇へのアメリカ大統領の謁見は、一九七四年のフォード大統領以降、だいたい大統領の任期中に一回のペースで行われています。戦後、反米感情が収まりを見せる沖縄返還後にようやく実現されたのです。

とはいえ、戦前にもたった一人だけ、日本を訪れ、天皇に謁見したアメリカ大統領がいました。南北戦争の英雄でリンカーンの次に大統領になった第一八代ユリシーズ・グラントです。グラントは大統領退任後の一八七九年、船での世界一周旅行の途中で日本に立ち寄った際、明治天皇と会談し、日本のとるべき進路についてアドバイスを行いました。東京・芝の増上寺には、このとき同寺を参詣したグラントが植樹したとされる「グラント松」があり、いまも青々と葉を茂らせています。

アメリカ人がふれた昭和天皇の大御心

天皇についてなかなか理解できないアメリカ人ですが、過去に一度、天皇の大御心に直接、ふれる機会がありました。そのことについても少しふれておきましょう。

一九七五年九月から一〇月にかけて、昭和天皇と香淳皇后両陛下による初の訪米がなされました。厳密には、両陛下の訪米は七一年のヨーロッパ訪問の際、給油のために立ち寄られたアンカレッジが先になりますが、公式訪問としてはこちらが最初として差し支えないでしょう。

当時、天皇に対するアメリカ国民の感情は、決していいとはいえませんでした。戦後、三〇年たってもアメリカ国民はパールハーバーを忘れてはおらず、天皇の戦争責任を問う声はいまよりもはるかに大きなものでした。この訪米自体、戦争を知る要人たちのほとんどがこの世を去ったあとに実現したといわれています。

そんな厳しい世論のなか、昭和天皇はホワイトハウスでのフォード大統領夫妻主催の歓迎晩餐会で、次のような「おことば」を発せられました。

私たちは、ウィリアムズバーグで、貴国訪問の旅の第一夜を過ごしました。建国当時の面影を今に伝える、かの地の美しい街並みと、落ち着いた風情に触れて、旅の疲れを十分に癒すことができました。今宵、この歴史的なホワイトハウスで、閣下と席をともにしておりますと、貴国の建国当時のことに想いがめぐります。

〈中略〉

私は多年、貴国訪問を念願にしておりましたが、もしそのことが叶えられた時には、次のことを是非貴国民にお伝えしたいと思っておりました。と申しますのは、私が深く悲しみとする、あの不幸な戦争の直後、貴国が、我が国の再建のために、温かい好意と援助の手をさし延べられたことに対し、貴国民に直接感謝の言葉を申し述べることでありました。当時を知らない新しい世代が、今日、

1975年10月、ホワイトハウスの晩餐会で「おことば」を述べる昭和天皇

日米それぞれの社会において過半数を占めようとしております。しかし、たとえ今後、時代は移り変わろうとも、この貴国民の寛容と善意とは、日本国民の間に、永く語り継がれていくものと信じます。

（高橋紘『昭和天皇発言録』小学館）

陛下のおことばに対して、会場からは大きな拍手がわき起こり、晩餐会は予定の時間を大幅にオーバーして深夜にまで及びました。

敵国の元首が初の訪米でいったい何を語るのか。注目のなかで発せられたのは、意外にも、アメリカ国民への感謝の言葉だったのです。

ちなみに、おことばにある「我が国の再建のため」の「温かい好意と援助」というのは、アメリカが占領期間中に日本に供与した対日経済援助のことを指します。終戦当時、農水大臣だった松村謙三氏の『三代回顧録』（東洋経済新報社）によれば、昭和天皇は食糧危機に瀕する自国を鑑み、「多数の餓死者を出すようなことはどうしても自分にはたえがたい」と述べて、皇室の御物の目録を松村氏に差し出し、「これを代償としてアメリカに渡し、食糧にかえて国民の飢餓を一日でもしのぐようにしたい」と伝えられました。これに対し、幣原首相を介して目録を差し出されたマッカーサー元帥は、それを受け取ることなく、「自分が現在の任務についている以上は、断じて日本の国民の中に餓死者を出すようなことはさせぬ。かならず食糧を本国から移入する方法を講ずる」と請け合ったといいます。

一九四六年から五一年にかけて、約六年間にわたり日本が受けた経済援助の総額は、約一八億ドルにのぼり、この援助がなければ日本の復興は考えられなかったといわれています。その恩をいつまでも忘れることなく、感謝の意を述べられた天皇に、アメリカ国民はいたく感動し、それ以降、天皇の訪米に否定的だったマスコミ報道も好意的に変わったといいます。当時のニューヨーク・タイムズ紙は、その社説で「三〇年前の仇敵、勝者と敗者は今日、政治、経済上のパートナーとなった」と評し、このご訪問を暖かく報じました。戦争という悲惨な過去をも超越する、まさに天皇の大御心にアメリカが包まれたのでした。

日本の「人種差別撤廃の提案」は世界秩序への挑戦にほかならなかった

ここまでの話で、アメリカ人にとって天皇はとても奇異なもの、アメリカ人の価値観ではなかなか理解できないものに映るということをわかっていただけたと思います。二〇〇〇年以上も万世一系の血を受け継ぎ、世俗の権力から一定の距離を置いて、腐敗せず、ひたすら国民の安寧を祈りつづける天皇という存在は、ローマ教皇ともイギリス王室とも違う、世界で唯一無二の存在です。

どうしてこのようなシステム（とあえて言います）が生まれ、脈々と続いてきたのか、はっきりいって謎です。世界で一国だけ突出した長い歴史をもち、戦後のＧＨＱ占領期以外には他国の支配を受けた歴史をもたない、日本という特殊な国だからこそ紡がれた「奇跡」としか言いようがありません。

この天皇という素晴らしいシステムを、自分たちの色眼鏡で判断して「独裁者」や「カルトの教祖」と勝手に決めつけ、そのうえ排除までしようとした欧米列強は大いに反省すべきですが、この偏見に、先の戦争のすべての原因をなすりつけるのには無理があります。

戦争とは、いくつもの要因が複雑に絡み合って起きるものです。私は拙著『世界に誇れる明治維新の精神』（ベスト新書）の執筆中に、「日本が戦争するに至った主因は、まさにこれだったのではないか」と考えるようになった歴史的事実があります。次章で「天皇存続の最大の危機」について述べる前に、それについて指摘しておきたいと思います。

黒船の出現で半ば強制的に開国を迫られた日本は、欧米列強に飲み込まれないため、やむなく富国強兵と殖産興業を押し進め、日清、日露戦争に勝利します。そして第一次世界大戦でも戦勝国の一つとなり、世界と肩を並べるまでに成長しました。

ついに世界の一等国となった日本でしたが、ここで思わぬ発言をするようになります。第一次世界大戦後、国際連盟を発足させる目的で開かれたパリ講和会議で、「人種差別撤廃」を打ち出したのです。この発言に欧米列強は驚きました。日本にとっては当たり前のことだったのかもしれません。実際、有色人種の日本人は、アメリカで排日運動の激化に苦しめられていましたし、現在の価値観で考えれば、「人種差別をなくそう」というのは、至極まっとうな主張なわけです。

ところが、当時は時代が違います。人種差別の撤廃とは、白人国家による植民地支配の否定を意味します。つまり、間接的に「これからは植民地をなくしましょう」と言っているようなもので、それまで西欧列強が約四〇〇年、コロンブスのアメリカ上陸から数えれば約四五〇年にわたって築き上げてきた経済基盤を破壊しようとする、「世界秩序への挑戦」にほかなりません。それがいかに破壊力のある発言だったか。現在、世界の覇権をめぐって米中間で熾烈な貿易戦争が繰り広げられていますが、日本は植民地をもつ欧米列強の国々に、いきなり先制攻撃のミサイルを撃ち込んだようなものです。

「ついこの間まで不平等条約を結ばされていた劣等人種の三等国が、正義を振りかざしてわれわれにたてつこうというのか！」

これが、当時の傲慢な白人の、日本に対する紛れもない本音でしょう。アメリカとイギリスにしてみれば、ここまで「日本を育ててやった」という感覚がありますからね。石油を売り、軍艦を売り、そのうえ日露戦争の資金も用立てて、尻拭いまでしてやったのに、この恩知らずな振る舞いは何なのだと。あるいは、「日本はあんなことを言っているが、本当は中国大陸や東南アジアの資源を独り占めしようと企んでいるのではないか」と邪推したのかもしれません。そこからアメリカとイギリスは日本を疑うようになり、ひいては、「日本は自分たちの繁栄を邪魔する国」「いずれ排除しなければならない危険な国」と考えるようになったのだと思います。

さらに日本にとって不幸なのは、ここでも誤解が生じているということです。日本が人種差別撤廃を叫んだとき、列強はそれを字面どおり、長年続いた秩序への挑戦だと受け取りました。しかし、おそらくそれは建前で、本音は「日本人差別をやめてください」と言いたかったのだと思います。でも、自国のことだけ主張するのはどうも格好がつかない。

だから、「人種差別撤廃」という大義名分のもとに大風呂敷を広げてしまった。「自分さえ良ければいい」というのは、日本人の美徳ではありませんからね。後の大戦でも「大東亜共栄圏」や「八紘一宇」を大義として掲げていたように、日本人にはそういうところがあります。

とはいえ、実際はどうかといえば、「白人の植民地を奪い取ってやろう」とか、「これからは日本が覇権を握って世界を支配しよう」などと、日本は夢にも思っていないわけです。その辺をうまく説明することができていれば、歴史は変わっていたかもしれません。

この日本の発信力のなさは大問題です。国益を損ねるどころか、国体を破壊するレベルだったわけです。日本人は「本音と建前」や「阿吽《あうん》の呼吸」を使って、国内では素晴らしいコミュニケーション能力を発揮しますが、そんなものは海外では通用しません。

しかも、ただでさえ日本は鎖国で長い間、諸外国との交流が途絶えていたのですから、相手にしてみれば日本が何を考えているのか、何をしようとしているのか読めない。不透明なわけです。日本はもっと、自分たちの文化や考え方を相手に理解してもらえるよう、丁寧に説明する必要がありました。外交は相手のことを理解するだけではダメです。自分たちのことを理解してもらう努力が、それ以上に大事なのです。

慰安婦の問題がいい例ですが、国際社会に対してこちらの立場と主張を明確にしていかなければ、相手のいいように利用されるだけです。勝手な解釈をされないように、もっとはっきり誰にでもわかるように、情報を発信していく必要があります。そして、世界中から誤解を招いた、こういう日本の「日本的な態度」こそが、国体を破壊しかねない事態にまで自国を窮地に追いやったという現実を、いまこそすべての日本人が理解するべきです。

第2章

占領下の日本で何が天皇を護ったのか

処刑を主張した親中派たち

約二七〇〇年に及ぶ皇統の歴史のなかで、まさに最大の危機といえるのが、敗戦による「皇室存亡の危機」でしょう。皇室の歴史を振り返っても、過去に何度か暗殺や乗っ取りの危機に瀕したことはありましたが、皇室の存亡自体を他国の異民族の判断に委ねるなど、考えてもみなかったことです。

ましてや、当のアメリカや連合国のほとんどが、天皇を「独裁者」として誤解し、戦争犯罪人として処刑を望んでいたのですから、いま思えば背筋が寒くなります。よくぞ残ってくれたというのが、正直な感想です。

アメリカでは日本の戦後処理について、戦中のかなり早い段階から活発な議論がされていました。なかでも、もっとも重要なのが、天皇の戦争責任です。もしアメリカが「天皇にも戦争責任がある」と判断していたら、昭和天皇は間違いなく処刑され、皇室も廃止されていました。

戦時中、アメリカの世論は天皇に対してきわめて厳しいものでした。第1章でも述べたように、ギャラップの世論調査では、アメリカ国民の実に八割近くが天皇の処刑を含む厳罰を望んでいましたし、天皇崇拝は宗教であって、軍国主義に直結し、これを取り除かないかぎり、日本の民主化はありえないという見方が圧倒的でした。

こうした世論の形成に、中国国民党とコミンテルン、アメリカ共産党といった反日勢力が大きくかかわっていたことも、陰謀論ではなく歴史的事実であり、工作員もどきのジャーナリストが「日本は一〇〇〇年前から好戦的な民族で、天皇は処刑しなければならない」という提灯記事で、蔣介石や宋美齢の言い分をアメリカ国内にまき散らし、国務省極東部の主流派も親中派で占められていたといいます。

一九四三年、日本の戦後処理について話し合うため、同省内に「極東地域委員会」が設置されました。その主要ポストは歴代、親中・親ソ派で引き継がれ、ことあるごとに「天皇制は廃止」「天皇を戦犯に指定すべし」と、反日勢力そのままの主張を繰り返していました。天皇と皇室は日本と日本人の大黒柱ですから、弱体化させたければ当然の主張です。

民間でも、アメリカ国内で非常に強い発言力をもっていたシンクタンクには、共産主義者が含まれていたことが判明しています。要するに、アメリカは政権の内も外も、反日勢力のプロパガンダ一色に染まっていて、日本にとっては非常に危険な状態だったわけです。

天皇存続を強く主張したグルー

これに対抗したのが、ジョセフ・グルーらの知日派でした。グルーは一九三二年から日米開戦に至るまでの一〇年間、駐日大使を務め、天皇陛下に謁見したこともある、本当に日本をよく知る人物でした。真珠湾攻撃で日米が開戦し、日本から帰国したあとは、アメリカ人に理解しにくい天皇の概念を蜜蜂の巣にたとえて、

「女王蜂は何も決定しないが、働き蜂から敬愛されている。女王蜂がいなくなると、蜂の巣社会も解体する。日本の天皇もそのようなもの」(『昭和天皇の時代：「文芸春秋」にみる昭和史(別巻)』所収「天皇と天皇制をどうするか」大前正臣、文藝春秋)

と「天皇女王蜂論」を展開し、全米二五〇カ所の地域を講演してまわったといいます。

一九四四年に国務次官に就任したあとも、天皇存続を主張しつづけて、「日本人は自らの政体を選ぶ権利がある」と、天皇処刑派を厳しく牽制しました。

処刑か存続か。天皇の処遇をめぐって、両派の間で激しく意見が揺れ動きます。

一方、敗色濃厚となった戦争末期、日本側が降伏を受け入れる条件としてこだわったの

が国体護持、すなわち天皇制と皇室の存続です。このことを熟知していたグルーは、一九四五年五月、同じく知日派で国務長官特別補佐官だったユージン・ドゥーマンと作成した声明の草案を、トルーマン大統領に手渡し、日本に降伏の条件を示すべきだと進言します。彼はそのときの心境をこう記しています。

「われわれは、日本人が熱狂的な国民であり、最後のせとぎわまで、そして最後のひとりまで戦う可能性があることを思い起こさねばならない。もし彼らがこれをなすならば、アメリカ人の生命の犠牲は予想もつかないだろう。日本人にとって無条件降伏の最大の障害は、降伏が、天皇と天皇制の永久の排除と破壊を求めるだろうという彼らの考え方である」（読売新聞社編『昭和史の天皇３』中公文庫）

当時のアメリカは、第一次世界大戦の戦後処理の失敗から、敵国に無条件降伏を求める〝無条件降伏思想〟に凝り固まっていました。だが、それでは日本は絶対に降伏しない。日本が求めている降伏の条件は唯一、アメリカが求める〝無条件降伏〟のなかに、天皇制の廃止は含まれないと明言すれば、彼らはきっと受け入れるにちがいないと、グルーは日本側の本音を見抜いていたのです。

この草案はポツダム宣言のベースになったもので、第一二条には「平和政策を遂行する芽が植えつけられたと確信するならば、これは現在の皇室のもとでの立憲君主制を含むこととする」と、条件つきで「天皇制の存続」が盛り込まれていました。

しかし、この条項が世に出ることはありませんでした。トルーマン大統領は最終草稿の段階でこれを握りつぶし、故意に皇室の存続を曖昧《あいまい》にしたかたちで、一九四五年七月二六日、ポツダム宣言を発表します。理由は、原子爆弾投下前に日本に降伏させないためともいわれています。天皇への言及がない以上、当然、日本も受諾できません。

戦争の早期終結を心から願うグルーの進言もむなしく、同年八月六日に広島、九日に長崎へと二発の原爆が投下されました。加えてソ連（当時）も対日参戦したため、天皇の処遇については棚上げされたまま、終戦を迎えることになります。

なお、グルーは終戦直後に国務次官を辞任、アメリカ政府からの対日占領への協力要請も断る一方で、GHQによる日本の財閥解体に反対し、公職追放者の復権を呼びかけ、また、日本の高校生をアメリカに留学させるための基金を設立するなど、日本の復興のために尽力しつづけました。

マッカーサーを動かしたフェラーズ准将の進言

終戦後、アメリカや連合国内では、天皇の戦争責任の追及を求める声がさらに厳しくなり、天皇制と皇室存続の行方は綱渡りのような状態が続きます。

日本がポツダム宣言を受諾すると、一九四五年一二月に、連合国側は日本を占領管理する最高意思決定機関として、極東委員会を設置しました。委員会は、イギリス、アメリカ、ソ連（当時）、中華民国、オランダ、オーストラリア、ニュージーランド、カナダ、フランス、フィリピン、インドの一一カ国の代表で構成されていました。ＧＨＱもその決定には従わなければならなかったのですが、極東委員会のメンバー国のほとんどは、天皇制の廃止と、昭和天皇の処刑を主張していました。一〇〇〇年前から戦争ばかりやってきて、すぐに戦争を始めようとする日本人（この主張は中国のプロパガンダそのままです）を抑えるには、カリスマ的リーダーである天皇を取り除くしかないと考えていたのです。

これに立ちはだかったのが、ＧＨＱの最高司令官ダグラス・マッカーサー元帥です。マッカーサーは、極東委員会とは逆に「日本の占領統治には天皇の存在が必要不可欠」と、天皇の戦争責任に不問の立場をとっていました。日本の民主化を無血で実行するには、天皇に対する日本国民の崇敬を利用して間接的に統治するのが、もっとも効率的で効果的な方法だということを、よく理解していたのだと思います。

マッカーサーがこのような考えをもつに至るうえで、大きな影響を及ぼしたのが、アメリカ陸軍准将でマッカーサーの副官を務めていた、ボナー・フェラーズ准将です。彼はマッカーサーに対して、「天皇の地位を保全することが、占領統治や日本再建のみならず、長期的にはアメリカのためになる」と、報告書で進言していたのです。

フェラーズは学生時代、日本からインディアナ州リッチモンドにあるアーラム大学に留学していた渡辺ゆりという女性と知りあい、日本への興味をもつようになりました。一九二二年（大正一一年）に初来日し、その際に再会したゆりから小泉八雲（パトリック・ラフカディオ・ハーン）の存在を教わり、その著作を通じて日本への理解を深めました。

フェラーズは、アメリカ陸軍指揮幕僚大学に在籍中、「日本兵の心理」という論文を執筆しています。そのなかで第一次上海事変における「爆弾三勇士」（中国軍〈国民党軍〉のトーチカや鉄条網を突破するため、点火した爆弾を抱いて自爆し、味方の突撃路を開いた江下《えした》武二《たけじ》、北川《きたがわ》丞《すすむ》、作江《さくえ》伊之助《いのすけ》の三人）の逸話や、荒木貞夫将軍を筆頭とする皇道派の思想を取り上げ、日本軍兵士の勇猛さと天皇陛下との関係を分析しています。

彼は戦争中から、日本降伏後の天皇排除は望ましくないと考えていました。そして、戦後にマッカーサーの副官として来日した際には、津田塾大学創始者の津田梅子とともに渡辺ゆりをアメリカに留学させた恵泉女学園創設者の河井道から、天皇の存在が、日本人にとっていかに大切なのかを教えられています。

フェラーズ准将が河井に対して「万が一、天皇陛下を処刑することになったとすれば、どう思うか」と尋ねたところ、河井は「そんなことを日本人は決して受け入れない」「もし陛下の身にそういうことが起これば、私がいの一番に死にます」と答えたそうです。自分と同じ敬虔なクリスチャンである河井が言い放ったこの言葉に、フェラーズは相当な衝撃を受けたことでしょう。

フェラーズはそのほか、戦争中に政府の要職にあった人々と面会し、日本人にとっての天皇の存在の大きさを知り、マッカーサーに対して先のような報告書を提出したわけです。マッカーサー自身も、一般の日本人がいかに天皇を敬愛しているかを肌で感じていました。ですから、フェラーズの進言はすっと腑に落ちたと思います。

また、マッカーサーが極東委員会と非常に折り合いが悪く、ほとんど敵対している状態だったことも、日本にとって好運でした。彼は極東委員会という組織に疑いの目を向けていました。連合国の機関といいながら、その実態は「アメリカの単独統治に反対し、日本をドイツのように分割統治したい英ソの言い分を代弁する組織」であり、執拗に天皇の処刑を主張するのも、「日本を破壊し、分割後、自分たちの利益を得やすくするためだ」と考えていました。

極東委員会を苦々しく思っていたマッカーサーにとって、フェラーズの報告書は「わが意を得たり」というものだったでしょう。

ですから、ワシントンのアメリカ政府が「天皇処刑」に傾きかけると、「もしそんなことをすれば、日本中に軍政をしかねばならなくなる。山岳地帯や地方でゲリラ戦が始まり、少なくとも一〇〇万の将兵が必要になる」という趣旨の、半ば脅しともとれる長文の電報を政府に叩きつけています。

後に、マッカーサーは自著の回顧録で、極東委員会とその衛星組織である対日理事会（極東委員会の出先機関として東京に設置されたアメリカ、ソ連、イギリス、中国によって組織された連合国最高司令官の諮問機関）についてふれ、「日本の指導や再建についての建設的な意見が出たことは、一度としてな」く、「この機関がおこなった唯一のことはじゃまをすることと、悪口をまきちらすことだった」（『マッカーサー大戦回顧録』津島一夫訳、中公文庫）と、委員会との確執を述懐しています。

皮肉にも押しつけられた日本国憲法が天皇を救った

とはいえ、極東委員会が連合国の最高意思決定機関となった以上、天皇の処刑が決まってしまえば、ＧＨＱも従わざるをえなくなります。極東委員会の初会合は、一九四六年二月二六日に迫っていました。天皇を存続するためには、どうしても手続きを急ぐ必要がありました。そこでマッカーサーは、極東委員会の初会合が開かれる前に、新しい憲法をつくって天皇の地位を確定し、後戻りできないように既成事実をつくってしまおうと画策します。あくまで日本国民の意思で、「天皇を残したい」と自主的に憲法を改正したことにすれば、連合国も文句を言えなくなります。

ところが、事前に幣原《しではら》喜重郎首相に命じ、松本烝治《じょうじ》国務大臣が委員長となった、いわゆる「松本委員会」で作成していた「帝国憲法改正要綱」は、非常に保守的で、大日本帝国憲法の内容に近いものでした。すると、このタイミングで、一九四六年二月一日の「毎日新聞」に、発表前のこの「松本試案」がスクープされるのです。

これを読んだマッカーサーが激怒し、日本政府の自主的な憲法改正に見切りをつけて、GHQが独自の草案作成に乗り出したというのが歴史の定説になっています。しかし、はたして、毎日新聞がそのような危険を冒すでしょうか。当時はすでにGHQから、WGIPの一環であるプレスコードが発令されており、その三〇番目の禁止項目は「解禁されない報道の公表」の禁止です。このような政治的に重要な案件のスクープ報道など、許可なくできるはずがありません。GHQが本格的に憲法改正に介入するため、その口実づくりのためにわざとスクープさせたと考えるほうが、筋が通るように思います。

この報道から二日後の二月三日、マッカーサーはGHQの民政局に一週間で草案作成をするよう指示し、翌四日から作業が開始されました。このときマッカーサーが指示したのは「マッカーサー・ノート」と呼ばれる三項目。「天皇は元首」「戦争と戦力の放棄」「華族制度の廃止」の三点のみで、これは「マッカーサー三原則」とも呼ばれています（三原則の詳細については序章を参照）。最終的に、天皇は「元首」ではなく「象徴」とされましたが。

草案は二月一二日にわずか九日間で完成し、翌一三日にはGHQ民政局長のコートニ

新憲法公布の日（1946年11月３日）、皇居前広場の祝賀大会の群衆にこたえる昭和天皇。

ー・ホイットニー准将ら四人が、この草案を携えて外務大臣官邸を訪れました。出迎えたのは吉田茂外務大臣と松本烝治国務大臣でした。ホイットニーは二人に、日本側がつくった改正案では「自由と民主主義の文書として受け入れることはできない」旨を通達し、ＧＨＱの憲法草案を渡します。二人は草案を見て驚きました。第一条に、「天皇はシンボル」と書いてある。シンボルって何だ？　第二章には戦争放棄の文字が。これはいったい……。

「これはちょっと……」とためらう二人に、ホイットニーは「この草案を飲まなければ、天皇の地位は保障できない」とだけ残して去っていきました。呆然とする二人でしたが、受け入れるしか選択肢はありませんでした。

「天皇の地位は保障できない」――このホイットニ

ーの言葉は、嘘でも脅しでも何でもなく、急がないと本当に天皇がどうなるかわかりませんでした。極東委員会の初会合が二月二六日に迫っていましたから、まさにギリギリのタイミングだったのです。

このGHQ草案は、その後、さらに最終修正を行い「憲法改正草案要綱」として、三月、国民に発表されました。これに対し、極東委員会も「これはマッカーサーの個人的なものであり、ポツダム宣言に適合しているか、極東委員会の審議が必要である」とすぐに声明を出しますが、後の祭りでした。

草案は帝国議会の審議を経て、一一月三日に「日本国憲法」として公布され、翌一九四七年五月三日に施行されました。

こうして、なんとか天皇処刑と皇室廃止の危機をまぬかれることができました。占領政策を成功させるためにマッカーサーのとった行動と、皮肉にも「押しつけ憲法」である日本国憲法が、結果的に、昭和天皇の命と皇室制度（天皇制）を救うことになったのです。

マッカーサーはなぜ天皇の戦争責任を不問にしたのか

マッカーサーが天皇の戦争責任を不問にしたのは、「昭和天皇のお人柄に感銘を受けたからだ」とよく言われます。これをもって、「マッカーサーは天皇の命の恩人」という声さえ耳にします。根拠となるのが、一九四五年九月二七日の天皇との会見で、そのときの様子を、彼は回顧録にこう記しています。


しかし、この私の不安は根拠のないものだった。天皇の口から出たのは、次のような言葉だった。

「私は、国民が戦争遂行にあたって政治、軍事両面で行ったすべての決定と行動に対する全責任を負う者として、私自身をあなたの代表する諸国の裁決にゆだねるためおたずねした」

私は大きい感動にゆすぶられた。死をともなうほどの責任、それも私の知り尽している諸事実に照らして、明らかに天皇に帰すべきではない責任を引受けようとする、この勇気に満ちた態度は、私の骨の髄までもゆり動かした。私はその瞬間、私の前にいる天皇が、個人の資格においても日本の最上の紳士であることを感じとったのである。

（『マッカーサー大戦回顧録』）

自分の身を顧みることもなく、すべての国民の「全責任を負う」と明言した昭和天皇に、マッカーサーは「骨の髄まで」感動し、その後の皇室存続にも大きな影響を及ぼしたというのですが、私はこれに疑問を感じています。占領政策においてもっとも重要と思われる天皇の処遇について、トップの判断を感情に求めるというのは、いささかセンチメンタルにすぎるような気がします。

マッカーサーという人物を客観的に見た場合、その言動や実行した政策を見ても、明らかに日本を誤解していたところがあり、天皇についても到底、理解していたとは思えません。いわゆる日本を誤解する典型的なアメリカ人であって、国家神道とは、日本国民を呪縛する悪魔教のようなものと考えていました。

ほかにも、マッカーサーは戦艦ミズーリでの降伏文書調印から一〇日後の一九四五年九月一二日の記者会見で「日本は四等国に転落した」と言ってみたり、五一年五月三日に開催された上院の軍事外交合同委員会でも、日本人はひどく幼稚な民族で、年齢にたとえるなら「日本人は一二歳」と発言したりするなど、日本を見下したようなところがあります。

もっとも、日本の今後の発展可能性を表現したフレーズという好意的な解釈もできますが。

さらに、マッカーサーには過去を美化し、自分をよく見せようとする傾向があります。現在のトランプ大統領にもそういうところがありますよね。程度の差はありますが、人間誰しもそういうものでしょう。ですから回顧録の記述自体、鵜呑みにはできません。

回顧録のほかの部分にも、とくにフィリピン時代に関係する話に顕著なのですが、自分を正当化する記述が随所に見られます。日本軍によって、フィリピンを脱出させられた苦い過去を恨んでいた可能性もあります。有名な「I shall return.（私は必ず帰ってくる）」という彼の言葉は、当時のアメリカ兵の間では「敵前逃亡」の意味で使われていたといいます。日本のせいでひそかに馬鹿にされていたわけです。

何が言いたいかというと、マッカーサーは非常にシビアな人間であり、いい部分や悪い部分だけを切り取っていては、実像を見誤る結果になるということです。強面《こわもて》ながらやさしい性格が伝えられる反面、権威的で傲慢だったともいわれています。たしかにマッカーサーは、皇室存続に多大な貢献をしましたが、公職追放や教育改革のように、現在に至るまで日本に害を及ぼしつづけるひどい政策もたくさん行っています。「絶賛」か「酷評」かの二者択一ではなくて、発言や行動の一つひとつを是々非々で見る必要があります。

マッカーサーがなぜ天皇の戦争責任を不問にしたかについては、いろいろな意見がありますが、個人的には日本の占領統治に、何が得で何が損かを冷静に計算し、実利的な判断を下した結果だったと考えています。実際に日本を統治してみると、日本人はそれまでいわれていたような野蛮人ではなく、礼儀正しく素直な人々だった。むしろアメリカ軍人のほうがよっぽど行儀が悪くて、日本人女性のレイプ事件が多発した。その対策のためにRAA（特殊慰安施設協会）がつくられ、アメリカ兵向けの慰安所までできたわけです。

しかも、日本人は戦争に負けたいまでも天皇を崇敬していて、天皇の言うことなら何でも従順に従う。なにしろ玉音放送で日本国民に直接呼びかけただけで、昭和天皇は完全武装解除をいとも簡単に成し遂げたのです。下手に戦争責任を追及したり、ましてや処刑したりしてしまえば、かえって面倒なことになりかねない。それならば、その後の占領統治にも天皇の存在を利用したほうが得であるという考えに至ったのではないでしょうか。

もちろん、昭和天皇に対してマッカーサーがある種の敬意を抱いていたことは間違いないと思いますが、天皇の存続に努めたのは決して個人的な感情からではないでしょう。アメリカの国益のため、占領統治に利用する目的だったと考えるほうが、アメリカ人としての視点で見た場合、私には自然のように思われます。

「人間宣言」と五箇条の御誓文

こうして天皇の地位を確定させる作業が水面下で着々と進められていくなか、一九四六年元旦に出されたのが、有名な「人間宣言」です。

〈惟《おも》フニ長キニ亘レル戦争ノ敗北ニ終リタル結果、我国民ハ動《やや》モスレバ焦躁ニ流レ、失意ノ淵ニ沈淪セントスルノ傾キアリ。詭《き》激《げき》ノ風漸ク長ジテ道義ノ念頗ル衰へ、為ニ思想混乱ノ兆アルハ洵《まこと》ニ深憂ニ堪ヘズ。

然レドモ朕ハ爾《なんじ》等国民ト共ニ在リ、常ニ利害ヲ同ジウシ休戚ヲ分タント欲ス。朕ト爾等国民トノ間ノ紐帯ハ、終始相互ノ信頼ト敬愛トニ依リテ結バレ、単ナル神話ト伝説トニ依リテ生ゼルモノニ非ズ。天皇ヲ以テ現御神《アキツミカミ》トシ、且日本国民ヲ以テ他ノ民族ニ優越セル民族ニシテ、延テ世界ヲ支配スベキ運命ヲ有ストノ架空ナル観念ニ基クモノニモ非ズ〉

〈現代語訳〉

「思うに、長きにわたる戦争が敗北に終わった結果、わが国民はややもすれば焦燥し、失意の淵に沈んでしまうようなところがある。過激なことに走る風潮が次第に強まり、道義の念は非常に衰えて、そのために思想が混乱する兆しがあることに、深く憂慮している。

しかし、朕はあなたたち国民とともにあり、常に利害を同じくして、喜びと悲しみを分かち合いたいと思っている。朕とあなたがた国民とのつながりは、終始、相互の信頼と敬愛とによって結ばれているもので、たんなる神話と伝説によるものではない。天皇を現御神として、かつ、日本国民を他より優れた民族とし、ひいては世界を支配すべき運命にあるといった架空の観念に基づくものでもない」

この「人間宣言」は、マッカーサーとホイットニー准将が、当時首相だった幣原喜重郎と話し合った結果、出すことが決まったといいます。だとすれば、GHQの意図として、二つのことが感じ取れます。「天皇は現御神（現人神）ではない」と天皇自ら神格化を否定することで、国家と神道を切り離すこと、そしてもう一つは「国民統合の象徴」として天皇を日本国憲法に規定しやすくすることです。マッカーサーは「人間宣言」を聞いて大いに喜び、直ちに次のような声明を出しています。

「天皇の新年の詔書は、私にとってきわめてよろこばしいものである。天皇はこれによってみずから国民の民主化を指導され、将来の天皇の立場は自由主義的な線にそうものであることをはっきりと示された。この天皇の行動は、健全な考えがいかに抗し難いものであるかを示すものである。健全な考えを押えることはできない」（『マッカーサー大戦回顧録』）

天皇の詔勅の内容を手放しで絶賛していることに、マッカーサーの本音がうかがえるのではないでしょうか。

もっとも、天皇自ら「自分は現御神である」と言ったことなど過去に一度もありません。詔書が出された当時、侍従長だった藤田尚徳氏によれば、

「陛下は元来、神扱いは嫌われた。むしろ科学者としての現実的な性格をより強くおもちであった」（『侍従長の回想』講談社学術文庫）

といいます。また、これを「人間宣言」というなら、一九三七（昭和一二）年の「文部省通達」ですでに行っているという指摘もあります（山本七平『裕仁天皇の昭和史』祥伝社）。

いま詔書を読み返してみても、「現御神＝現人神」を「神のような性格をもった人」と解釈するなら、すでに神ではなく人なのですから、あらためて宣言する必要もないように思います。

であるにもかかわらず、これがことさら「人間宣言」と強調されるのは、神をＧＯＤ、つまり、日本の神様を西洋の絶対神のような存在と勘違いしていたＧＨＱと、その支配下にある日本のメディアが、天皇ご自身の言葉として神格化を否定する姿を日本人に示したかったからでしょう。

占領が終わったいまも、メディアは相変わらずこれを「人間宣言」として報道していますが、実はこの詔書は正確には「新日本建設に関する詔書」というかなり長いもので、本当の趣意はむしろ前段の、「五箇条の御誓文」を掲げた以下の部分にあるのです。

〈茲《ここ》ニ新年ヲ迎フ。顧ミレバ明治天皇明治ノ初国是トシテ五箇条ノ御誓文ヲ下シ給ヘ

リ。曰ク、
一、広ク会議ヲ興シ万機公論ニ決スヘシ
一、上下心ヲ一ニシテ盛ニ経綸ヲ行フヘシ
一、官武一途庶民ニ至ル迄各其志ヲ遂ケ人心ヲシテ倦《う》マサラシメンコトヲ要ス
一、旧来ノ陋習ヲ破リ天地ノ公道ニ基クヘシ
一、智識ヲ世界ニ求メ大ニ皇基ヲ振起スヘシ
叡旨公明正大、又何ヲカ加ヘン。朕ハ茲ニ誓ヲ新ニシテ国運ヲ開カント欲ス。須ラク此ノ御趣旨ニ則リ、旧来ノ陋習ヲ去リ、民意ヲ暢達《ちょうたつ》シ、官民挙ゲテ平和主義ニ徹シ、教養豊カニ文化ヲ築キ、以テ民生ノ向上ヲ図リ、新日本ヲ建設スベシ〉

〈現代語訳〉

「ここに新年を迎える。顧みれば、明治天皇は明治のはじめに五箇条の御誓文をお示しになられた。それによれば、
一、広く会議を開いて議論を行い、すべて公正な意見によって決めなくてはならない。

一、身分の上下を問わず、心を一つにして積極的に国を治め整えなくてはならない。
一、文官や武官は言うまでもなく、一般の国民も、自分の職責を果たし、各自の志すところを達成できるように、人々に希望を失わせないことが肝要である。
一、旧来の悪い習慣を捨てて、何事も普遍的な道理に基づかなくてはならない。
一、知識を世界に求めて、天皇を中心とする国柄や伝統を大切にし、国を発展させなくてはならない。

明治天皇のお考えは公明正大であり、何もつけ加えることはない。朕はここに誓いを新たにして、国の運命を開いていこうと思う。このご趣旨に則り、旧来の悪しき習慣を捨て、自由な民意を伸ばし、官民挙げて平和主義に徹し、教養を豊かにして文化を築き、それによって国民生活の向上を図り、新たな日本を建設すべきである」

五箇条の御誓文を取り上げた意図について、私が説明するより、直接、天皇陛下ご自身のお言葉を読んでいただいたほうがいいでしょう。昭和天皇は一九七七年八月の記者会見で、記者にこのことについて聞かれ、次のように答えられています。

記者「ただそのご詔勅の一番冒頭に明治天皇の『五箇条の御誓文』というのがございますけれども、これはやはり何か、陛下のご希望もあるやに聞いておりますが……」

天皇「そのことについてはですね、それが実はあの時の詔勅の一番の目的なんです。神格とかそういうことは二の問題であった。

それを述べるということは、あの当時においては、どうしても米国その他諸外国の勢力が強いので、それに日本の国民が圧倒されるという心配が強かったから。

民主主義を採用したのは、明治大帝の思召しである。しかも神に誓われた。

そうして五箇条の御誓文を発して、それがもととなって明治憲法ができたんで、民主主義というものは決して輸入のものではないということを示す必要が大いにあったと思います。

それで、特に初めの案では、五箇条の御誓文は日本人としては誰でも知っていると思っていることですから、あんなに詳しく書く必要はないと思っていたのですが。

幣原が、これをマッカーサー司令官に示したら、こういう立派なことをなさったのは感心すべきものであると非常に賞讃されて、そういうことなら全文を発表してほしい、というマッカーサー司令官の強い希望があったので、全文を掲げて、国民及び外国に示すことにしたのであります」

記者「そうしますと陛下、やはりご自身でご希望があったわけでございますか……」

天皇「私もそれを目的として、あの宣言を考えたのです」

記者「陛下ご自身のお気持ちとしては、何も日本が戦争が終ったあとで、米国から民主主義だということで輸入される、そういうことではないと、もともと明治大帝の頃から民主主義の大本、大綱があったんであるという……」

天皇「そして、日本の誇りを日本の国民が忘れると非常に具合が悪いと思いましたから。

日本の国民が日本の誇りを忘れないように、ああいう立派な明治大帝のお考えがあったということを示すために、あれを発表することを私は希望したのです」

（高橋紘、鈴木邦彦『陛下、お尋ね申し上げます』徳間書店）

昭和天皇が自ら「日本人なら誰もが知っている」とおっしゃられた五箇条の御誓文を、あらためて国家建設の土台として再確認したこの素晴らしい「新日本建設に関する詔書」

を、いったい、いまの日本人がどれだけ知っているでしょうか。なぜ日本のメディアは「人間宣言」の部分だけを切り取って、全文を報道しないのでしょうか。いつまでプレスコードを続けるのでしょうか。私には理解できません。

ところで、この「新日本建設に関する詔書」を読んで、文体がどこか日本国憲法に似ていると思いませんでしたか。

実は、この文章の原文は英語で書かれています。幣原喜重郎が英文で書き、それを日本語に翻訳したものです。幣原は英語に堪能な人物で、自分のスピーチもすべて英語で書いていました。そのため、日本語に訳しにくい不自然な表現が所々に見られるのです。また、皇帝や天皇といった天子の一人称として使われる「朕」という主語は、この詔勅を最後に使われなくなりました。

ＧＨＱが行った改革の功罪

ここで、マッカーサーが行った改革について整理しておきましょう。ＧＨＱは日本民主化のため、①秘密警察の廃止、②労働組合の結成奨励、③婦人解放、④学校教育の自由化、

⑤経済の民主化という五大改革指令を日本政府に命じ、そのほかにも一般的に「民主主義や欧米のいい部分」と自分たちが思っていることを、たくさん導入しようとしています。

全部は実行されませんでしたが、その多くはアメリカ人がいいと思うことの一方的な押しつけであり、日本社会には合わなかったり、迷惑なものもあったりしました。日本語表記をすべてローマ字にする計画とか、公用語を英語にしようとしたり、武道や書道、歌舞伎、チャンバラ映画の禁止、さらにはラジオ体操や万歳禁止のような、どうでもいいようなことまで含まれていました。日本文化をまったく理解できていなかった証拠でしょう。

改革のなかで中心になったのが、マッカーサー自ら「精神革命」と称する日本人の精神改造です。すでに何度もふれていますが、マッカーサーは「国家神道」を日本の軍国主義化の諸悪の根源と考えていたので、その中心である天皇は、取り除かなければならない悪魔教の教祖になってしまうのです。そこで天皇を切り離し、国家と神道を分離する方針がとられました。

実際にマッカーサーが神道をどう思っていたのかが、よくわかる記述がありますので、引用してみます。

「私は占領当初から全日本国民に信仰の自由を保障したが、日本にほんとうの宗教的な自由をうち立てるためには、まず古くて、うしろ向きで、国の管理と補助を受けている神道を徹底的に改革する必要があることがわかっていた。

天皇自身が神道の中心で、未開時代からの神話的な教義によって、神である先祖の歴代の天皇から独特の精神的な権力を受継いでいた。日本国民は、天皇は神であり、天皇に生命をささげることがすべての臣下の最高の生活目的だと教えられていた。日本を戦争に導いた軍部はこの信仰を利用し、占領当初もまだ国家が神道に補助を与えていた」

（『マッカーサー大戦回顧録』）

最後に「軍部はこの信仰を利用し」とあるのは、ＷＧＩＰの発露でしょう。次項で詳しく述べますが、ＧＨＱは日本軍だけを悪者にし、一般の日本国民はその被害者として分断することで、日本人を軍事アレルギーに洗脳する計画を立てていました。

マッカーサーがどうしてこう考えるようになったのか、よくよく読み返してみると、どうやら日本の侍文化から「日本人は一〇〇〇年前から好戦的な民族」というアメリカ国内に流布された戦時プロパガンダを信じていたようです。アメリカは、日本の武士道を誤解し、また日本軍の驚異的な強さの秘密として、たいへん恐れていたのです。

こうして一九四五年一二月に公布されたのが「神道指令」であり、前項で述べた「人間宣言」です。「神道指令」は、正確にはGHQが日本政府に発した覚書「国家神道、神社神道ニ対スル政府ノ保証、支援、保全、監督並ニ弘布ノ廃止ニ関スル件」（SCAPIN－448）というもので、政教分離の徹底が目的でした。さすがのマッカーサーも、宗教弾圧と非難されることを恐れて、神道そのものを完全に葬り去ることまではできなかったようです。

ところが、靖國神社に関してだけは、その後も継続して破壊することが検討されていました。もし靖國神社を焼却した場合、カトリック教会はどう思うかということを、日本に滞在していたドイツ人神父に意見を求めていたことがわかっています。一部に「マッカーサーは靖國をドッグレース場にしようとしていた」という説がありますが、それを裏付ける公式文書は見つかっていません。夫人のジーン・マッカーサーが犬好きだったことから出た噂かもしれません。最終的に靖國神社の存続が決定されたのは、ようやく占領末期になってからでした。

一九四七年の農地改革は、戦前の小作農と地主の関係を崩壊させる一方で、共産主義対策としてのメリットがありました。ＧＨＱの指示のもとで日本政府が強制的に土地を買い上げ、小作人に安値で売り渡しました。この政策で自作農が増えたため、共産主義者は「地主が小作人を搾取している」「いまこそ革命のために立ち上がれ」と主張できなくなりました。また、ソ連兵を含む進駐軍が、赴任地から25マイル（約40キロメートル）以上離れることを禁止しました。共産主義者は全国各地を飛びまわって革命運動の拠点をつくりますが、この命令によりそれが不可能になりました。

一九四六年に発令された覚書「ある種類の政党、協会、結社その他の団体の廃止」（ＳＣＡＰＩＮ－５４８）と「好ましくない人物の公職よりの除去」（ＳＣＡＰＩＮ－５５０）、いわゆる公職追放は、完全な失敗だったと思います。軍国主義者や超国家主義者のレッテルを貼って、日本の既存の政治勢力や統治階級を根こそぎ追放することで、さまざまな要職に空白地帯が生まれ、そこに大量の共産勢力が流れ込んでしまいました。いまでも教育界やマスコミ、労働組合が真っ赤に染まっているのは、まさにこのためです。公職追放には、間接統治をスムーズに行うという目的がありましたが、同時に共産主義者も排除するべきでした。公職追放によって生まれたこれらの勢力は、現在の日本社会の癌になっています。

現在も生きているＷＧＩＰとメディアによる天皇発言の悪用

日本人の精神を改造するためのＧＨＱの改革は、すべての罪を日本軍に押しつけ、日本人に拭い難い贖罪意識を植えつける洗脳政策、ＷＧＩＰに集約できると思います。ＷＧＩＰについては、私がこれまでに出した本のなかで幾度も言及していますのでご存じの方も多いでしょうが、あらためてお話しします。

先日、ある地方銀行が主催した講演会の冒頭、私が約一五〇〇人の参加者に「ＷＧＩＰを知っている人は手をあげてください」と求めたところ、手をあげたのは約三〇人でした。つまり、ＷＧＩＰの存在や内容を知っている日本人は、まだ全体の2％程度という可能性があるわけです。私が知るかぎり、ＷＧＩＰに全面協力した日本メディアの代表格であるＮＨＫは、ＷＧＩＰに関する歴史番組を一度も放送したことがありません。

ＧＨＱは占領開始直後の一九四五年一〇月、「各層の日本人に、彼らの敗北と戦争に関する罪、現在および将来の日本の苦難と窮乏に対する軍国主義者の責任、連合国の軍事占領の理由と目的を、周知徹底せしめること」（ＳＣＡＰ一般命令第四号）を命じています。日本民族から独立心と愛国心、さらに軍隊と軍人への尊敬を奪い、戦争への贖罪意識を植えつける政策を実施したのです。

ＷＧＩＰには、大きく分けて四つの柱があります。一つ目は、教育改革による子供たちの洗脳。二つ目は、大東亜戦争の正当性の否定。三つ目は、日本国憲法の戦争放棄条項による軍事アレルギーの植えつけ。そして四つ目が、プレスコードによる情報統制です。

一つ目の教育改革による子供たちの洗脳というのは、いわゆる「自虐史観」の植えつけです。ＧＨＱは一九四五年一〇月からわずか二カ月の間に、教育四大指令と呼ばれる「日本教育制度に対する管理政策」「教職追放令」「神道指令」「修身、日本歴史及び地理停止に関する件」の四つの指令を出しています。これにより日本の伝統と文化を否定し、自国の歴史に誇りをもてない教育が行われるようになりました。これらは四七年に成立する教育基本法のもととなり、二〇〇六年の第一次安倍政権で改正されるまでの六〇年間、一度も手をつけることができませんでした。

二つ目の大東亜戦争の正当性の否定は、東京裁判（極東国際軍事裁判）です。あの裁判は最初から最後まで「裁判」の名に値しない「茶番」以外の何物でもないのですが、いちおう正式な国際裁判の形式をとることで、世界と日本の人々に、日本軍の悪玉化を強烈に印象づけました。

三つ目は当然ながら、日本国憲法第九条、とくに第二項です。日本は軍隊をもったら再び戦争を起こす危険な国なのだと日本国民に信じさせたのです。それを信じて疑わない日本人が現在も大勢います。実際には正反対で、強い軍隊をもつことこそが、他国からの攻撃の抑止力になるわけです。それをWGIPという洗脳政策にはめられた人々が、自分の脳味噌を使って深く考えることなく、学校で教わったことを鵜呑みにし、日本の永久の武装解除に賛成しているのです。

そして、四つ目のプレスコードは、検閲によるメディア情報のコントロールです。三〇項目の報道禁止事項が定められていました。具体的には、次のようなものです。

①SCAP（連合国軍最高司令官もしくは総司令部）に対する批判
②極東国際軍事裁判批判
③GHQが日本国憲法を起草したことに対する批判
④検閲制度への言及

⑤アメリカ合衆国への批判
⑥ロシア（ソ連邦）への批判
⑦英国への批判
⑧朝鮮人への批判
⑨中国への批判
⑩その他の連合国への批判
⑪連合国一般への批判（国を特定しなくても）
⑫満洲における日本人の取り扱いについての批判
⑬連合国の戦前の政策に対する批判
⑭第三次世界大戦への言及
⑮冷戦に関する言及
⑯戦争擁護の宣伝
⑰神国日本の宣伝
⑱軍国主義の宣伝
⑲ナショナリズムの宣伝

⑳大東亜共栄圏の宣伝
㉑その他の宣伝
㉒戦争犯罪人の正当化および養護
㉓占領軍兵士と日本女性との交渉
㉔闇市の状況
㉕占領軍軍隊に対する批判
㉖飢餓の誇張
㉗暴力と不穏の行動の扇動
㉘虚偽の報道
㉙ＧＨＱまたは地方軍政部に対する不適切な言及
㉚解禁されていない報道の公表

（関野通夫『日本人を狂わせた洗脳工作』自由社）

ご覧のとおり、ありとあらゆることが禁止されていました。天皇についての規制項目がないのがちょっと不思議な気もしますが、かわりに神国日本の宣伝を禁止することで、間接的に再び天皇を神格化することを防いでいたのでしょう。

このなかで、私がもっとも危惧するのは、④の項目で、こうした検閲制度があること自体、ふれてはいけないとしたことです。ちなみに日本国憲法第二一条第二項には、「検閲は、これをしてはならない。通信の秘密は、これを侵してはならない」という規定がありますが、日本政府の上位にあるＧＨＱには日本国憲法を守る義務などないので、本当は検閲し放題でした。二〇一三年度下半期のＮＨＫ朝ドラ「ごちそうさん」には、ＧＨＱの検閲の描写が出てくるそうです。

実際には検閲しておきながら、していないふりをするというのは、たいへんな情報統制社会を生み出します。国民は、異なる情報や意見が存在することを知らされないまま、戦前は間違っていた、日本は悪いことをしたという情報だけを一方的に与えつづけられるのです。これはまさに「洗脳」の手法そのものです。

しかも、このプレスコードは現在も生きています。日本人が目を覚ましつつあるいまも、日本のマスコミはいまだに政府の批判、日本の悪口を言いつづけることに終始しています。普通の国では子供の教育と同じく、政府の政策に対しては「是々非々」で、誉めたり叱ったりするものですが、日本のマスコミの場合は、自国の政府を誉めることがほとんどありません。近年はネットが普及したおかげで、日本のマスコミの異常性に気づく人が増えましたが。

一九八九年八月、作家の江藤淳氏が『閉された言語空間』(文藝春秋)を出版し、戦後初めてWGIPの存在に言及したのですが、先ほども述べたとおり、NHKを筆頭とした日本のマスコミは、この話を広く日本人に伝えようとしませんでした。そして平成が終わる二〇一九年の現在でも、大手マスコミの報道姿勢は占領時代とほとんど同じ状況です。GHQの手先として日本人を騙してきた日本のマスコミ業界は、WGIPの存在を知られるとマズいことがいちばん多いのかもしれません。

ちなみにGHQ検閲に秘密裏に協力した日本人検閲官五一〇〇人余りのリーダー格だった人物が、戦後のNHK初代会長に就任した高野岩三郎です。彼は「天皇制廃止論者」の代表的存在でした。

天皇陛下の「おことば」を利用して、政権批判に利用するということも、左派メディアではよく行われています。たとえば二〇一六年八月八日、「象徴としてのお務めについての天皇陛下のおことば」というビデオメッセージが公表され、ここで天皇は「譲位」についてふれられました。左派メディアはこのメッセージを「譲位」ではなく「生前退位」という、皇室の歴史上存在しない言葉で表現し、さらに「天皇が暗に安倍政権を批判したもの」だとして大いに喧伝しました。

このような左派政党やメディアの主張こそが、「天皇の政治利用」そのものです。内閣や国会による軍部の予算への介入を「統帥権干犯」として排除し、天皇が直接指揮する「皇軍」という錦の御旗を掲げて暴走した、戦前の軍部とまったく同じ構図です。そういう自己矛盾に気づかず、ひたすら政権を批判する道具として、天皇陛下の「おことば」まで利用するというのも、ＧＨＱの洗脳がまだ続いていることの証左だと思います。

第3章 天皇と宗教

外国人には理解が難しい神道

天皇を宗教的権威と見た場合、必然的に神道への理解も必要になってきます。ところが、これが外国人にとっては天皇以上に難しいものです。まず神道には、開祖や教祖がいませんし、経典もありません。仮に神道の開祖をそれぞれの神社に祀られた神様とするならば、神道には八百万も開祖がいることになってしまいます。狐や犬のような動物だったり、岩や滝などの無生物が開祖という場合も出てきます。

もともと神道は、「人の力の及ばないものに神が宿る」という、日本民族の間に古くから伝わる自然信仰から始まっていますから、これを宗教と呼ぶのには少々違和感があります。実際、「宗教」という言葉は、明治時代に「religion」の訳語として生まれたものです。それまでにはなかった言葉であり、当初、福澤諭吉や西周《あまね》らは海外から伝わった宗教を「法教」と呼んでいました。キリスト教やイスラム教は経典（法）に基づいた教えであると考えて、神道とは明確に区別していました。

また、神道は時代によっても複雑な経緯があります。明治期から終戦までの約八〇年間は、国民統合のため「国家神道」として神社を再編成し、必要以上に「天皇崇拝」が叫ばれた時代でした。

それ以前は、神道よりむしろ仏教のほうが社会的影響力は強く、天皇自身、同時に仏教を信仰していた時代もあります。聖徳太子やその父の用明天皇は仏教に帰依していますし、奈良の大仏を建立したのは聖武天皇です。すると、神道を宗教の一つと考えた場合、キリスト教の第一位の聖職者が、同時にイスラム教も信仰するというような、おかしなことになってしまいます。終戦直後には、昭和天皇がキリスト教に改宗するという噂もありました。やはり日本人は、神道を宗教としては捉えておらず、民間に伝わる慣習のようなものと考えていたのかもしれません。

記紀に伝わる一般的な「天皇と神道との関係」を整理しておくと、天皇は、その八百万の神の一つ、天照大御神の子孫ということになります。天照大御神は日本を創造した神、イザナギノミコトから生まれた太陽神の女神で、高天原の最高位の神であり、日本国民の総氏神とされています。

天孫（天照大御神の孫）である瓊瓊杵尊《ににぎのみこと》が天下った際、天照大御神は三種の神器を授け、その一つである八咫鏡《やたのかがみ》に天照大御神自身の神霊を込めました。八咫鏡は代々天皇の側で祀られていましたが、第一〇代崇神《すじん》天皇の御代に疫病が流行り、これを天照大御神の祟りと恐れた天皇は、八咫鏡を宮中から外へ出し、宮外のふさわしい場所で祀ることを決意します。

崇神天皇の皇女、豊鍬入姫命《とよすきいりひめのみこと》は倭の笠縫邑《かさぬいのむら》に神籬《ひもろぎ》を立ててお祀りし、その後、豊鍬入姫命に代わって第一一代垂仁《すいにん》天皇の皇女、倭姫命が永遠に神事を続けられる場所を求めて、伊賀、近江、美濃などの国々をめぐり、ようやく辿りついた伊勢の地に建てられたのが、現在の伊勢神宮の内宮《ないくう》です。

伊勢神宮は、正式名称を「神宮」といいます。神宮とは神社のなかで祭神が皇祖、天皇であるものを指し、そのなかでも伊勢神宮は名称を必要としない最高位に位置します。伊勢神宮を訪れると、霊験あらたかな雰囲気に清々しい気持ちにさせられるのは、神をもっとも身近に感じられる場所だからなのかもしれません。

おもしろいのは、伊勢神宮が建てられたあと、天皇自身は長い間、決して伊勢には行かず、参拝には勅使を送っていたという事実です。理由は定かではありませんが、前述したような理由で、八咫鏡に宿る天照大御神の神霊の祟りを非常に恐れていたからともいわれています。天皇自ら伊勢神宮を参拝するようになったのはごく最近で、なんと、明治天皇になってからのことです。

日本の深淵にふれたG7の伊勢神宮参拝

二〇一六年五月、その伊勢の地で、四二回目となるG7、いわゆる「伊勢志摩サミット」が開催されました。会議に先立って、各国首脳による伊勢神宮参拝が行われました。五十鈴川にかかる宇治橋の手前で、安倍首相が各首脳を一人ずつ出迎え、最後はオバマ大統領（当時）と並んで一緒に宇治橋を渡っていくシーンはとても印象的でした。

この参拝は安倍首相の強い希望で実現したといわれていますが、それを聞いて「なるほど」と得心しました。というのも、安倍首相は自著『新しい国へ』（文春新書）のなかで、日本と天皇との関係について、思いをこう綴っていたからです。

一九七七年（昭和五十二年）から十一年にわたって駐日大使をつとめたマイク・マンスフィールド氏が、当時外務大臣だったわたしの父、安倍晋太郎に、こんな質問をしたことがある。

「わたしは日本の経済発展の秘密についてずっと考えてきたのですが、安倍さん、何だと思いますか」

「日本人の勤勉性ですかね」

父がそう答えたら、大使は皇居のほうを指していった。

「天皇です」

戦後の日本社会が基本的に安定性を失わなかったのは、行政府の長とは違う「天皇」という微動だにしない存在があってはじめて可能だったのではないか――（後略）

当時の安倍首相はまだ二〇代で、マンスフィールド氏の言葉の意味がよくわからなかったそうですが、後年になって、天皇は象徴になる前から国民とともに歩む存在だったことがようやく理解できたと心境を語っています。

各国の首脳に日本を知ってもらうには、天皇について知ってもらうのがいちばんです。そのために皇祖神を祀り、天皇ともっとももつながりの深い伊勢神宮を訪問先に選んだことは、こうした思いがあったからでしょう。

2016年５月、サミットに先立ち各国首脳による伊勢神宮参拝が行われた

このときＧ７の首脳がどう感じていたのかが、参拝後に伊勢神宮で記帳された言葉に残されています。

「幾世にもわたり、癒しと安寧をもたらしてきた神聖なこの地を訪れることができ、非常に光栄に思います。世界中の人々が平和に、理解しあって共生できるようお祈りいたします」（アメリカ　バラック・オバマ大統領）

「ここ伊勢神宮に象徴される日本国民の豊かな自然との密接な結びつきに深い敬意を表します。ドイツと日本が手を取り合い、地球上の自然の生存基盤の保全に貢献していくことを願います」（ドイツ　アンゲラ・メルケル

首相）

「日本の源であり、調和、尊重、そして平和という価値観をもたらす、精神の崇高なる場所にて」（フランス　フランソワ・オランド大統領）

「日本でのG7のために伊勢志摩に集うに際し、平和と静謐、美しい自然のこの地を訪れ、英国首相として伊勢神宮で敬意を払うことを大変嬉しく思います」（イギリス　デービッド・キャメロン首相）

「このような歴史に満ち示唆に富む場所ですばらしい歓待をいただきましてありがとうございます。主催国である日本と我々全員が、人間の尊厳を保ちながら、経済成長及び社会正義のための諸条件をより力強く構築できることを祈念します」（イタリア　マッテオ・レンツィ首相）

「伊勢神宮の調和に、繁栄と平和の未来を創るという我々の願いが映し出されますよ

うに」（カナダ　ジャスティン・トルドー首相）

「静謐と思索の場。そして日本についての深い洞察。どうもありがとう！」（ＥＵ　ドナルド・トゥスク欧州理事会議長）

「この地で目の当たりにした伝統と儀礼に敬意を表す」（ＥＵ　ジャン＝クロード・ユンカー欧州委員会委員長）

（伊勢神宮ホームページより）

この映像はニュースとして世界各国に配信され、放送を見た人はわずかでも日本の深淵にふれることができたと思います。世界の人に日本の文化を知ってもらうという意味でも、Ｇ７首脳の伊勢神宮参拝は、素晴らしい成果となったのではないでしょうか。

式年遷宮の「清め」の精神と日本人の清潔さ

実は私も、二〇一七年に伊勢神宮を参拝した経験があります。伊勢神宮の参拝にはいくつか種類があり、私が行ったのは御垣内《みかきうち》参拝というG7首脳が行ったのと同じものでした。本来なら、御垣内参拝には特別な申し込みが必要ですが、伊勢神宮主催の講演会に招かれた折、あらかじめ希望を伝えると特別にはからってくださいました。

伊勢神宮の御正宮は、正殿を中心にして、瑞垣《みずがき》、内玉垣、外玉垣《との》、板垣の四重の垣根がめぐらされていて、一番内の瑞垣には皇族でさえ入ることはできません。私が入ったのは外側から二番目の外玉垣でした。神道の儀式というのは言葉も動作もとてもシンプルで、別段、祭壇が設けられているわけでもなく、あっけないくらい簡単に終わりました。しかし厳かななかにも、美しい正殿が真新しく輝いていたのを覚えています。私が参拝したのは、六二回目の式年遷宮（二〇一三年）を終えた四年後でしたが、ほとんど新築と変わらぬ趣で佇んでいました。

式年遷宮とは、二〇年に一度、新しく宮地をつくりかえ、瑞々しい社殿に大御神をお迎えするというものです。二〇年に一度というスパンで行われるのには、常に新しくすることで清潔を保ち、また次の世代に技術を伝承していくという意味も含まれているといいます。

こうした感覚はキリスト教にはありません。教会をつくるにしても、一度つくったものは長く続くのが理想です。第一、まだ使えるものを壊してしまうのは、効率から考えても非常に理解しがたいわけです。

両者の違いを、キリスト教は「石の文化」で神道は「木の文化」だからだという点に理由を求めることもできますが、私はこの、「常に新しいものにつくりかえて清潔な状態を保つ」という、いわゆる「清め」の精神にこそ、神道を理解するうえでの大きなポイントがあると思うのです。もっと神道風にいうと、「禊《みそぎ》」ということになるでしょうか。

神道では、死や血といった「穢れ」というものを極端に嫌います。その源泉は次のような神話のなかにも見出すことができます。

火の神カグツチを産んだ際、火傷で死んだイザナミを追って、イザナギは黄泉《よみ》の国へと赴きます。深い地の底でようやく黄泉の国に辿りついたイザナギは、扉の外からイザナミに「愛する妻よ、どうか私と一緒に帰っておくれ」と呼びかけます。「それでは黄泉の国の神様にたずねてみますから、戻るまで私の姿を決して覗かないでください」と言うイザナミでしたが、いつまでたっても戻ってきません。とうとう待ちきれず、中へ足を踏み入れたイザナギが見たものは、朽ちた体に虫が這いまわる変わり果てたイザナミの姿でした。恐ろしくなったイザナギは、必死で地上へと逃げ帰ります。「私はなんと汚らわしいところへ行ってしまったものか」とわが身を振り返り、身を清めるため川で禊をするのです。

これは『古事記』にある「イザナギとイザナミの国生み神話」の一節です。禊をするイザナギからは新しい神々が次々と生まれていき、このとき左目を洗って生まれたのが天照大御神です。なぜ禊をするのかといえば、「穢れ」に触れると、神は力をなくし、災いをもたらすことにもなるからです。ですから、すぐに禊をして清めなければならないのです。

このような神道の考えが、日本人には強く根づいていると思います。世界的に見ても、日本人はとてもきれい好きな民族です。江戸時代、江戸は世界一大きな街でしたが、とてもきれいでした。侍も町民もみんなお風呂に入り、着ているものもきれいに洗っていました。

それに比べてヨーロッパはどうかといえば、パリには悪臭が立ち込め、ベルサイユ宮殿にはトイレすらありませんでした。貴族階級ですらほとんど風呂に入らず、入ったとしても年に一回か二回。髪の毛と衣服には蚤《のみ》や虱《しらみ》がついているのがデフォルトです。カツラと香水は必需品で、女性のスカートには蚤採り用の罠までついていたといいます。

これが中国や朝鮮になるとさらにひどい有様で、イギリスの女性旅行家のイザベラ・バードは、一八九四年に初めて訪問したソウルの様子を、

「私は北京を見るまではソウルを地球上でもっとも不潔な都市、また紹興（中国の浙江省の都市）の悪臭に出会うまではもっとも悪臭のひどい都市と考えていた」（『朝鮮紀行』時岡敬子訳、講談社学術文庫）

と述べています。北京はソウルよりもっとひどかったということでしょう。韓国はだいぶマシになりましたが、中国は現在も一部を除いてたいへん汚れています。

こうして近隣諸国と比べてみると、いっそう日本と日本人の清潔さが際立ってきます。天皇と神道への無意識レベルの信仰が、きれい好きというかたちで、知らぬ間に日本人の心と体に沁みついているのです。日本人が嘘を嫌い、正直と潔さを重んじるのも、同じ理由ではないでしょうか。

日本はもっと日本の神話を研究すべき

二〇一八年一〇月、宮内庁と大阪府堺市は、仁徳天皇陵を共同で発掘調査することを発表しました。宮内庁が外部機関と共同で調査するのは初めてで、「これで新しい事実が発見されるのでは」と大きな期待が寄せられました。

仁徳天皇陵は、大阪南部の「百舌鳥《もず》・古市古墳群」にある最大の前方後円墳で、墳丘の長さは486メートル、全長は840メートルに及びます。宮内庁によれば、江戸時代の元禄年間に、朝廷が「仁徳天皇陵」に指定したといいますが、本当に仁徳天皇の墓なのかは、研究者の間で意見が分かれています。『日本書紀』から第一六代仁徳天皇の没年を推定すると、墓のつくられた年代とずれてしまい、第一九代允恭《いんぎょう》天皇、あるいは第二〇代安康天皇とする説や、そもそも仁徳天皇自体が実在しなかったという説まであります。

その一端がようやく解明されるかもしれないと思いきや、今回の発掘は墳丘に手をつけることはなく、二重になっている堤の内側のものを三カ所掘るだけだそうです。これでは、埴輪《はにわ》や何かしらの出土品があったとしても、核心にふれるような発見は期待できないでしょう。

なぜ墳丘を発掘しないのでしょうか。宮内庁は、陵墓は尊崇の対象であるとして、静安と尊厳の保持がもっとも重要であるとの見識から、学術調査を厳しく規制しています。

私はこの態度にたいへん不満をもっています。墓を調査しないのは、何かを恐れているような、消極的な態度にしか見えません。いったい宮内庁は何を恐れているのでしょう。仁徳天皇が実在しなかったと判明することでしょうか。たしかに、仁徳天皇が実在しなければ、有名な「民のかまど」の話も信憑性がなくなってしまうかもしれません。しかし、調査によって事実を確認することは、新たな発見にもつながります。仁徳天皇陵はほかの場所にあるのかもしれないし、まさしくここが仁徳天皇の陵墓であれば、さらなる大発見もありえるのです。その可能性を、いまの態度は潰してしまっています。

これは神話の研究にもいえることです。日本では、記紀の研究があまり進んでいません。『古事記』『日本書紀』という素晴らしい書物があるにもかかわらず、とくに戦後は深い研究がなされていません。この背景には、日本人の天皇への恐れがあるように思います。記紀を研究し、何か不都合な事実が見つかると、天皇の神話が崩れてしまうかもしれない。だから、詳しい起源にはふれず、神武天皇についても欠史八代についてもこのままそっとしておこう。はたして、それは自国の歴史に対する正しい態度なのでしょうか。

アメリカでは、聖書を徹底的に研究しています。聖書のどこまでが神話で、どこから実話なのかという論争が、いまも活発に続いています。創世記には、人間として最初に創造されたアダムから続く系図が記されていますが、ノアまでの一〇代を見ると、みな驚くほど長寿です。聖書をそのまま信じるなら、アダムは九三〇歳まで生きたことになりますし、ノアは五〇〇歳で子をつくり、九五〇歳で死んでいます。そこから系図を下ると、徐々に人間の寿命に近づいていきますが、「信仰の父」とされるアブラハムも、子のイサクができたのは一〇〇歳で、一七五歳まで生きています。また、天地創造についても、「神は六日間で世界を創造した」とされています。しかし、これらを科学的でないからといって「聖書の記述は事実でない。だからキリスト教は信用できない」とする根拠にはならないのです。

神話というのは、さまざまな解釈が可能です。天地創造の六日間は、一日が一〇〇万年に相当する喩えかもしれませんし、本当に六日でつくられたと信じる宗派もあります。地球は八〇〇〇年でできたと主張する人たちもいます。つまり、聖書を研究し、事実を受け入れていくことで、さらにいろいろな解釈が生まれ、理解が成熟していくという一面があります。

時に、教義にとって非常に都合の悪い遺跡が発見されたりすると、「これは神様が私たちを試されているのだ」と考える、原理主義的な宗派もあります。自己逃避的な考えですが、それでも研究は続けられているのです。

日本では戦後、学校教育でも『古事記』が教えられなくなったといいます。もちろん、これはＧＨＱによる自虐史観教育のせいでもあるのですが、自国の神話を研究もせず、教えもしないというのは、やはりおかしな話です。神話はその国の伝統文化や政治、思想、経済、さらには科学にまで影響を与えているものです。日本はそろそろ自国の神話に対して、真摯に向き合うべき時期にきているのではないでしょうか。

易姓革命の中国と万世一系の日本

万世一系を守り、記紀の記述に従えば、約二七〇〇年に及ぶ皇統を続けてきた日本に対し、儒教国家の中国では、皇帝による支配体制自体が二〇世紀初頭に消滅するという、真逆の結末を迎えています。両国の差はどこにあったのでしょうか。

中国で初めて皇帝となったのは、秦の始皇帝です。紀元前二二一年、春秋戦国時代に終止符を打ち、中国全土を統一した始皇帝は、それまでの王ではなく、古代中国の神話に伝わる三皇五帝から「皇」と「帝」の二文字をとり、始皇帝と名乗りました。驚くべきことに、始皇帝は皇帝となった八年後、焚書坑儒によって儒教を禁じています。法家思想に基づく法治国家を理想とした始皇帝にとって、過去を理想化して徳治主義を唱える儒家は邪魔な存在だったのです。

ところが、始皇帝が亡くなり、秦が漢に滅ぼされると、儒教が再び頭をもたげてきます。そして、漢末には王莽《おうもう》らによって、しだいに儒教は権力を粉飾するのに利用されていきました。

儒教では、徳のあるものが天子になるとされます。もし天子が徳を失えば、その一族は天に見放されて、徳を備えた一族にとって代わられます。これが「易姓革命」という王朝交代の論理なのですが、実際には、力の強いものが殺し合いによって権力の座を奪い取るわけです。この残虐な現実を偽善で飾るのに、儒教はたいへん都合のいいものだったのです。

中国の歴史は殺し合いの歴史です。反乱やクーデターで権力を奪った一族が何世代か続いて、また別の勢力にとって代わられる。そういうことが繰り返し起きています。そして、一九一一年の辛亥革命で、最後の王朝「清」の皇帝、愛新覚羅溥儀は紫禁城から追放され、清朝は消滅してしまうのです。

実は、中国と同じようなことがヨーロッパの歴史にもありました。中世、絶対主義の時代の王権神授説がそうです。国王の権力は神から与えられた不可侵なものであるとすることが、体制維持の建前に使われました。実際には殺し合いや謀略で奪った権力も、ローマ教皇が認めることで正当化されたのです。ところが、イギリスではヘンリー八世の治世に、自身の離婚問題からローマ教皇と反目し、イギリス国教会がローマ・カトリック教会から独立することで、後の宗教改革へとつながっていくわけです。

皇統の歴史を振り返ると、易姓革命のような殺し合いによる権力の争奪が一度も見られません。いえ、いまの言い方には少し語弊があるかもしれません。脈々と続く天皇の系譜にも、「乙巳《いっし》の変（大化の改新）」や「壬申の乱」のように、皇統内部での血なまぐさい権力簒奪《さんだつ》はありました。また、皇統外からの乗っ取り危機に直面したことも何度かありました。

たとえば、奈良時代末期、孝謙上皇（後の称徳天皇）の健康回復を祈禱して信頼を受けた道鏡は、「道鏡を天皇にせよ」という宇佐八幡神の託宣を利用して皇位継承を画策しますが、和気清麻呂らによって阻まれています。室町幕府三代将軍、足利義満は長男の義持を将軍に、次男の義嗣を天皇に仕立てて権力の掌握を試みますが、それを果たす前に突然死してしまいました。また、乗っ取りではありませんが、皇位継承権をめぐり、鎌倉幕府に対して天皇自らクーデターを起こした後醍醐天皇の例もあります。その後、後醍醐天皇は身に危機が迫ると三種の神器を持って逃走をはかりますが、あえなく幕府の捕虜となり隠岐へ流されました。

しかし、そうした危機はあっても、皇室の地位を簒奪されるまでには至らないのです。飛鳥時代、天皇を次々と擁立するほどの権勢を誇っていた蘇我氏も、平安時代、次々と皇室と姻戚関係を結んで摂関政治を恣《ほしいまま》にした藤原氏も、天皇の権威を掌握して利用しようとはするものの、天皇を滅ぼして、それにとって代わろうとはしなかったのです。

それはなぜかと考えたとき、やはり秘密は「血」にあるのではないかという結論に辿りつきます。易姓革命でも王権神授説でも覆すことができない、天孫降臨から子々孫々と伝わる「万世一系の血」の圧倒的な説得力が、皇統を支えてきたのではないでしょうか。

アーリントン墓地と靖國神社には決定的な違いがある

二〇一八年のことですが、義理の弟が日本を訪ねてきたので、私は靖國神社の遊就館を案内することにしました。彼は兵役に八年間服務したのですが、そのうち、四年間は沖縄に赴任したので、日本の戦史にとても興味をもっていたのです。

彼の頭の中には、幕末から明治の終わり頃までの日本の歴史がすっぽりと抜け落ちていて、日露戦争まで何があったのかよくわからない。そこで、明治維新と戊辰戦争、さらに日清戦争が起きた理由や、東郷平八郎が日本海海戦でロシアのバルチック艦隊に勝利するまで、遊就館の展示を一緒に見ながら説明すると、「おかげで、頭の中の長年の空白を埋めることができました」と大喜びでした。

その帰り際、参道を歩きながら、「靖國神社は国のために戦った戦没者を慰霊する場所だけど、戊辰戦争の反乱軍である徳川幕府側の戦没者はここには祀られていないんだ」というと、「それではアーリントンと違うじゃないですか！」と驚いていました。

アーリントンとは、アメリカの首都ワシントンＤＣからポトマック川を渡ってすぐの場所にある、戦没者慰霊施設とアーリントン国立墓地のことです。アーリントン墓地は、一八六四年に南北戦争の戦没者の墓地として築かれ、その後、二度にわたる世界大戦や朝鮮戦争、ベトナム戦争、イラク戦争などの戦没者、さらにはテロで犠牲になった人など、国のために貢献した約四〇万人が眠っています。

日本でも、首相の靖國参拝が問題になる都度、アーリントン墓地が比較にもちだされ、とても有名になりました。その論拠となるのが、「セクション16」の存在です。アーリントン墓地の西のはずれに位置する同所は、南軍将兵のために造成された特別な区画です。アメリカでも当初は奴隷制度の存続を主張する南軍兵士を埋葬することに反対の声が多くありましたが、一八九八年の米西戦争を機に南北の和解が成立し、埋葬が承認されました。

一部の保守派の人たちは、このセクション16をもって、「アーリントン墓地には、奴隷制を肯定した南軍兵士も眠っている。にもかかわらず、世界の要人が慰霊に訪れるのだから、A級戦犯が合祀されている靖國を参拝して何の問題があるのだ」という理屈を述べていますが、これはかなり的外れな意見だと言わざるをえません。

そもそもA級戦犯を断罪した東京裁判自体が、裁判の名に値しない茶番ですし、一九五三年八月三日、衆議院本会議で可決した「戦争犯罪による受刑者の赦免に関する決議」によって、日本には、いわゆる「A級戦犯」のみならず、戦争犯罪人は法的に存在しなくなっています。ですから、「A級戦犯」という汚名を着せられた人たちの靖國神社への合祀を問題視すること自体が、歴史的事実や国会決議、さらに法治主義を軽視した感情的発言です。

これらのことは拙著『米国人弁護士が「断罪」東京裁判という茶番』（KKベストセラーズ）で書きましたので繰り返しませんが、保守派でもまだGHQの洗脳が解けていない人が少なからずいるのです。

無宗教の慰霊施設では意味がない

私は靖國神社とアーリントン墓地には、大きな違いがあると考えています。その理由は、まさに前項で義弟が発した言葉に現れているといえるでしょう。南北戦争は、英語で「Civil War」といいます。市民戦争、つまりアメリカの内戦であって、主義主張にかかわらず、ともに国のために戦った同士として、両軍とも埋葬されています。これに対して靖國神社は、戊辰戦争で戦った旧幕府軍は、朝廷に矢を向けた賊軍と見なされ、現在に至るまで祀られることはないのです。

これには、もちろん、靖國神社の創建の経緯が関係しています。靖國神社は一八六九(明治二)年、戊辰戦争の戦没者を慰霊する目的で、長州藩出身の大村益次郎が発案し、明治天皇の命により東京招魂社として創建されました。しかし、祀られたのは天皇の側に立って戦った薩長など官軍の戦没者のみです。明治維新のさきがけとなって倒れた坂本龍馬や吉田松陰、高杉晋作なども祀られていますが、明治新政府に逆らった白虎隊や西郷隆盛などは朝敵であって、祀ることはできないのです。

この靖國神社の見解は、国の管理から宗教法人になったいまでも変わっていません。よく「靖國神社は宗教施設だから問題になるのであって、国が無宗教の慰霊施設をつくれば問題は解決する」という人がいますが、こちらもピントがズレているように思います。

慰霊のための祈りや、さまざまな儀式というものは、その国の死生観や伝統、文化に深く根差した宗教行為そのものです。いくら政教分離を厳格に行っても、すべての宗教的痕跡を取り去ることなど到底できるものではありません。ですから、憲法で「日本国の象徴」と規定された天皇の「即位の礼」という神道的儀式が、日本の国費で賄われるのは当然です。また、ヘンリー王子のイギリス王室結婚式が聖公会の教会で行われるのも当然です。

完璧な政教分離を求める人は、こうした国家的行事にも、宗教要素が少しでも感じられれば問題だというのでしょうか。物理的に観測できない先祖の魂や戦没者の霊が存在することを前提に、それらに対して祈りを捧げることは、時代を超え、地域を越えて行われてきた、人類にとってきわめて自然な行為です。それすら消し去ろうというのであれば、それは人間性の否定であり、文化の否定であり、文化破壊の目論みであり、まさしく「文化大革命」にほかなりません。政教分離とは、宗教指導者が宗教的価値観に基づいて政治に口をはさみ、政治のあり方や民意をゆがめることを防ぐ目的で行われるものです。些細なことに目くじらを立てて、すべてを政教分離の政治問題にすり替える人々は、逆に「政教分離教」の信者だと私は思います。「あなた方こそ政教分離しなさい」と強く言いたい。

さて、靖國神社の話に戻します。朝廷に対する反乱軍とされた側の戦没者が祀られないのは、少々残念な気もします。私は靖國神社のいまのあり方に意見したいわけではありません。ただ、靖國神社や千鳥ヶ淵の慰霊施設の議論に、アメリカのアーリントン墓地をもちだすときには、それぞれの違いをしっかりと把握したうえで発言してもらいたいと思っています。

天皇は靖國参拝すべきか

毎年、八月一五日を迎えると、話題になるのが首相の靖國参拝、そして天皇の参拝問題です。二〇一九年、新天皇の即位を控え、この問題についてもあらためて考えてみたいと思います。

天皇の靖國参拝は戦前戦後を通して行われてきました。昭和天皇は戦後、一九四五年、五二年、五四年、五七年、五九年、六五年、六九年、七五年の計八回、靖國神社を参拝していますが、その後はぷっつりと途絶えてしまいました。

理由についてはまったくの謎で、当初は、昭和天皇が最後に参拝した年の八月、靖國参拝した三木武夫首相（当時）が「総理としてではなく、個人として参拝した」と発言したことが原因ではないかと疑われていました。政治家と違って、天皇には「個人としての立場」など存在しないからです。

ところが、二〇〇六年七月、元宮内庁長官、富田朝彦氏がつけていたとされる富田メモの存在が報道され、天皇が参拝をしなくなった原因を裏付けるものだとしてA級戦犯合祀の問題がクローズアップされます。
富田メモとは、手帳一四冊、日記帳一三冊、計二七冊に及ぶもので、靖國神社についての発言は、次のようなものでした。
「私は或る時に、Ａ級が合祀され
その上　松岡、白取までもが
筑波は慎重に対処してくれたと聞いたが
松平の子の今の宮司がどう考えたのか
易々と
松平は平和に強い考えがあったと思うのに
親の心子知らずと思っている
だから　私あれ以来参拝していない
それが私の心だ」
文中の「松岡」は元外務大臣の松岡洋右、「白取」は元駐イタリア大使の白鳥敏夫、「筑波」は靖國神社宮司の筑波藤麿、「松平」は宮内相の松平慶民、「松平の子」はＡ級戦犯を合祀した宮司の松平永芳といわれています。

このメモによれば、昭和天皇はA級戦犯の合祀を不満に思って靖國神社への参拝をしなくなったという文脈になります。しかし、A級戦犯が合祀されたのは、最後の参拝の三年後の一九七八年一〇月です。信憑性に疑問が残ります。

途中から靖國参拝をされなくなった昭和天皇、また、一度もご参拝されていない今上天皇の「御心」については、私を含め誰も正確なことはわかりませんし、それを忖度して代弁するようなことも控えたいと思います。

ただ、靖國神社に祀られているのは国のために命を捧げた「英霊」なのです。決して「A級戦犯」や「戦争の犠牲者」ではありません。それに、「天皇の戦争責任追及を避けたい」というGHQの意図を理解し、東条英機元首相らが「A級戦犯」の汚名を着てくれたおかげで、天皇ご自身のお命や皇室が守られたという歴史的事実を、昭和天皇が知らなかったとは思えません。

国家のもつ至高の権利は、「国権の発動たる戦争」を行う権利です。主権国家には、自衛権としての「戦争権」が賦与されています。それを個人にたとえれば、「生存権」から当然に発生する「正当防衛」の権利です。

国家の決断として戦われた戦争で、「国のために戦って命を落とされた方々」を慰霊し、顕彰するのは、国として当然のことです。戦争の勝敗という結果は関係ありませんし、その戦争が国にとって大義ある戦争だったのか、後世の国民が支持する戦争だったのかどうかも別次元の問題です。これらの論点を混同してはいけません。

それに、戦争の大義は、それぞれの当事国が、それぞれに主張すべきものです。大東亜戦争には日本なりの大義があり、正義があったことは言うまでもありません。もちろんアメリカにも戦争の大義がありましたが、戦勝国だからという理由でアメリカの大義にすり寄った日本人たちは、ただの裏切り者であり卑怯者です。

英霊の慰霊・顕彰は、日本という国家の大義に殉じたことだけで、当然に為されるべきものです。ましてや敵国や第三国が、英霊の慰霊・顕彰に口をはさむことなど、決して許される行為ではありません。

アメリカでは、戦死した将兵は、大統領よりも上の地位を与えられ、顕彰されます。貴い命を国のために捧げた英雄だからです。

繰り返しますが、靖國神社に祀られている英霊は、戦争の被害者や犠牲者ではありません。実際に将兵や軍属として戦場に赴き、戦闘に従事して、命を失われた方々です。彼らには少なくとも「戦争の当事者」としての意識と覚悟がありました。戦争を知らない私たちが、勝手に「犠牲者」扱いすることは、英霊に対して無礼極まりないことなのです。

国のために戦い、亡くなられた方への慰霊・顕彰は、中国やロシアだろうが、韓国だろうが、どこの国でも当たり前のように行われています。

靖國神社は、マッカーサーの「神道指令」によって、いまは一宗教団体とされていますが、本来ならば、国家として祭祀を執り行い、靖國神社の英霊を慰霊・顕彰すべきでしょう。「死んだら靖國で会おう!」と言い残して散華《さんげ》された兵隊たちの魂を、靖國神社で慰霊する。そこに日本の国家予算が使われることの、どこに問題があるのでしょうか。これは政教分離の必要性とは、まったく別次元の問題です。

そういう意味では、首相はもちろんのこと、天皇や皇族も普通に靖國神社を参拝されるようになることが望ましいのは言うまでもありません。天皇や首相が足を踏み入れられない神社が日本国内に存在するという異常な状態を、一日も早く終わらせてほしいものです。

第4章

憲法のなかの天皇

明治憲法のなかの天皇

古代から社会の中心として、また日本人の精神的支柱として、現在も広く国民に尊崇される天皇ですが、憲法ではどのように定義されているのでしょうか。近代国家へと舵を切った明治維新以後、古から続く天皇という存在が憲法でどう扱われていったのか。その変遷を見ることは、法律の専門家としても非常に興味深く、また天皇を理解するうえでもたいへん意義のあることです。一部これまで述べてきたことと重複になる部分もありますが、詳しく見ていきたいと思います。

憲法における天皇のあり方は、戦前と戦後で大きく異なります。まずは明治憲法から見ていくことにしましょう。

一八八九（明治二二）年二月一一日に公布され、翌年一一月二九日に施行された大日本帝国憲法では、その第一条で、

第一条　大日本帝国ハ万世一系ノ天皇之ヲ統治ス

と「天皇主権」を明記し、天皇を君主として規定しました。このことをもって、戦前の日本は天皇を絶対権力者とする独裁政治が行われ、民主主義などまったくなかったと思っている日本人も少なくありません。

しかし、もともと大日本帝国憲法は、明治天皇が示した明治政府の基本方針である「五箇条の御誓文」の理念・精神から出発しています。その内容は第2章に掲載した「新日本建設に関する詔書」の冒頭部分を参照していただきたいのですが（92ページ）、要するに、議会を創設して何でも話し合いで決め、官僚も武人も庶民も、上も下も心を一つにして国のために公のために尽くしなさい、ということが書かれているのです。いわば「議会制民主主義」のススメです。

明治天皇

ですから、これも第2章で述べたように、昭和天皇も日本の民主主義は外国から輸入したものではないということを戦後に述べられたわけです。

ここで、大日本帝国憲法の制定過程を振り返ってみましょう。

一八七六（明治九）年、明治天皇は元老院議長の有栖川宮熾仁《たるひと》親王に対して、「国憲起草を命ずるの勅語」を発し、各国の憲法を研究して憲法草案を起草せよと命じます。

当時は自由民権運動が盛り上がっていたこともあり、憲法制定論議が白熱します。政府内では、イギリス型の議院内閣制の憲法を推す大隈重信らの一派と、ドイツ型の君主大権の憲法を推す伊藤博文・岩倉具視の一派が対立します。

伊藤・岩倉は、議会の権限を強化するという急進的な内容に反発し、大隈の政界追放を画策。「明治一四年の政変」（一八八一年）と呼ばれる政変によって、大隈は参議の地位から追われます。かくして日本は、ドイツ帝国憲法をモデルとした憲法制定へと傾いていったのです。

ちなみに、ドイツ憲法を大日本帝国憲法のモデルとすることを決定的にした人物として、ドイツの法学者ローレンツ・フォン・シュタインがいます。一八八二（明治一五）年、各国の憲法調査のためにヨーロッパを訪れた伊藤博文は、ウィーンでシュタイン宅に滞在し、イギリス、ドイツ、フランスの政治体制や立憲政治の比較などについて講義を受けます。

その内容に感激した伊藤は、日本の立憲政治について尋ねます。そこでシュタインは、ドイツ型の憲法を薦めました。ただし、たんに外国の憲法の模倣ではなく、日本の歴史や伝統に合わせて制定すべきだということを繰り返し説いています。

伊藤はシュタインと交わしたやり取りを、松方正義への手紙で興奮気味に次のように記しています。

「青年書生がようやく洋書をかじり読みにてひねり出したる書上の理屈をもって、万古不易の定論なりとし、これを実地に施行せんとするがごとき浅薄皮相の考えにて、かえって自国の国体・歴史は度外に置き、無人の境に新政府を創立すると一般の陋見《ろうけん》に過ぎざるべし」（『伊藤博文伝』春畝公追頌会編）

伊藤はシュタインとの出会いで、憲法を日本人が自分たちの手だけで一からつくるのは、時期尚早だと判断したわけです。こうして大日本帝国憲法の制定には、ドイツ帝国憲法をモデルにすることが決定的になったのです。

制定にあたっては、お雇い外国人であったドイツ人法学者のヘルマン・ロエスレルが草案作成の中心メンバーとして加わりました。彼は国際法や国内法についての諮問に答申することを役目として、一八七八（明治一一）年から外務省に雇われましたが、後に日本初のドイツ法学校を設立するなど、ドイツ法学の普及に努めた人物です。

「君主大権」のドイツ帝国憲法をモデルにした理由

ドイツ帝国憲法は「プロシア憲法」とも呼ばれていますが、これは当時のドイツが、プロイセン王国によって統一された国だからです。

もともとドイツは、プロイセン王国やバイエルン王国など、多くの領邦が寄せ集まった「国家連合」でした。

一九世紀初頭、フランスのナポレオン・ボナパルトがヨーロッパ統一を目指して、各国に戦争を仕掛けます。いわゆるナポレオン戦争です。ナポレオンはやがてイギリスに敗北してヨーロッパ統一の夢は潰えますが、この戦争によって、各国でナショナリズムが隆起します。

そうした機運の高まりのなか、プロイセン国王のヴィルヘルム一世と宰相であるビスマルクは、プロイセンを中心としたドイツ統一を目指します。そのために、ビスマルクは他国との戦争により全ドイツを結束させようとしました。

その結果、オーストリア帝国との普墺戦争（一八六六年）、フランスとの普仏戦争（一八七〇年）が起こり、これに勝利したことで、一八七一年、ドイツ統一が果たされ、ヴィルヘルム一世が皇帝となりました。

とはいえ、もともとはいくつもの王国に分かれていたこともあり、その結束には不安があったのでしょう。また、イギリスと比べて、ドイツはまだまだ後進国でした。

そこでビスマルクは、憲法を制定して皇帝の権力を強化し、議会の権限を抑えました。そうすることで国民の求心力を高めて、国全体の急速な発展を目指したのだと思います。

日本も江戸時代の幕藩体制から、明治政府の中央集権体制に移ったわけですが、ドイツと同様、天皇を中心に日本国全体がまとまる必要性を感じていたため、プロシア憲法を選んだともいえます。

実際、日本は明治天皇の名のもとに結束し、富国強兵、殖産興業政策を推し進め、急速に近代化しました。そして日清・日露という大国相手の二度にわたる対外戦争に勝利しました。しかも、これらは明治維新からわずか五〇年以内に起こったことです。

とくに日露戦争は、アジアの有色人種の小国が、白人の西欧列強を打ち破ったということで、世界を驚嘆させ、日本を列強国の地位に押し上げました。こうしたことが可能だったのも、天皇を中心として国が一つにまとまることができたからでしょう。

「大陸法」と「英米法」

加えて、日本がドイツ帝国憲法をモデルにしたのは、この憲法が「大陸法」だったからです。

近代法体系は、「英米法」と「大陸法」に大別されます。

英米法は、社会の常識や判例の積み重ねが先例となって、具体的な事件に適用されるものです。近代憲法の始まりはイギリスですが、そのイギリスには独自に文章化された「憲法典」がありません。憲法の内容は制定法や慣習法、判例などから自ずと導き出されるので、憲法を独自に文章化することにこだわる必要がないからです。

一方、大陸法はローマ法を起源とし、条文に明記された規定を重視し、その規定が具体的な事件に適用されます。ですから、大陸法を採用する国々では、自分に有利な条文を見つけることが重要になるのです。

日本はもともと、「大岡裁き」があるように、どちらかといえば英米法に近い考え方だったと思います。しかし、それでも憲法制定にあたって大陸法をモデルに選んだのは、幕末に締結させられた不平等条約を改正するためです。日本が「近代的な憲法典」を制定することにより、近代文明国家になったことを欧米諸国に示す必要があったのです。

とはいえ、前述したように、明治天皇が示した明治政府の基本方針は、イギリス型の「議会制民主主義」に近いものでした。そのため、憲法典としては天皇主権と定めながら、実質的には議会制民主主義を用いるという、建前と現実を使い分けるような運用だったのです。

日本では、武家政権が始まった鎌倉時代以降、「権威」と「権力」が分けられてきました。政治を行う権力者は、天皇から、関白や征夷大将軍などの地位を授かり、現実の統治を行うというかたちをとってきました。天皇の権威によって、為政者としての地位と、権力行使の正当性を得たわけです。

だから、建前として大日本帝国憲法で「主権は天皇にある」と定めたものの、現実の政治は議会制民主主義で決めるというスタイルは、ある意味では日本の歴史、伝統に沿ったかたちだったのかもしれません。

しかし、暗黙の了解としてきたことを明文化したことで、矛盾が表面化する危険性が増大したことも確かでした。

明治の元勲が生きていて、本音と建前をうまく使い分けて政治をコントロールできる時代はよかったのですが、力のある明治の元勲らが次々に消えていった昭和の時代になると、条文の有無や文言に拘泥する「条文至上主義」になっていき、次第にその矛盾が際立ってきます。

とくに、一九三〇年のロンドン海軍軍縮会議で浜口雄幸《おさち》内閣が軍縮条約に調印すると、日本の戦力削減に不満だった海軍軍令部や野党から批判が続出。反対派は大日本帝国憲法第一一条の「天皇ハ陸海軍ヲ統帥ス」を理由として、天皇の承諾なしに兵力量を動かしたのは憲法違反だとして浜口内閣を糾弾したのです。これがいわゆる「統帥権干犯問題」です。

これ以来、軍部は統帥権干犯を理由として、内閣の干渉を退けるようになっていきます。そのことが、やがて軍部の暴走を招きます。五・一五事件（一九三二年）や二・二六事件（一九三六年）といった青年将校によるクーデターが起こり、また、帝国陸海軍の統帥権をもつはずの昭和天皇ご自身が、中国大陸での戦線拡大に反対していたにもかかわらず、関東軍による満洲事変から支那事変、さらには大東亜戦争へと、戦火は燎原の火のように広がっていったのです。

この間、昭和天皇が自ら決断した政治判断はほとんどなく、二・二六事件の青年将校の鎮圧と、連合国への降伏を受け入れたポツダム宣言受諾の二件だけだったと考えられています。

ポツダム宣言と天皇の地位

そのポツダム宣言について、日本では、「ポツダム宣言の受諾は無条件降伏か有条件降伏か？」という議論があります。これは、ポツダム宣言の条文を読めば簡単に結論が出ます。

ポツダム宣言の第五条には「われわれの条件は以下の条文で示す（Following are our terms）」とあり、形式的に見れば、日本政府が条件つきで降伏したことは明らかです。

また、第一三条には「われわれは日本政府が全日本軍の即時無条件降伏を宣言し、またその行動について日本政府が十分に保障することを求める」とあり、無条件降伏の対象は日本軍に限定されているというのが歴史的事実です。

また、第五条では「これ（以下の条文で示す条件：筆者註）については譲歩せず、われわれがここから外れることもまたない」と書いてあります。つまりポツダム宣言は、そこに明示した条件から外れるような占領統治はしないのだと、連合国側をしばるものでもありました。

もっとも、日米開戦前から終戦の四カ月前まで務めたフランクリン・ルーズベルト大統領は、日本の完全無条件降伏にこだわっていました。彼は、理想主義のニューディーラー（社会民主主義的な思想をもつ人々）であるブレーンらが提案する、皇室廃止という苛酷な対日政策を採用しました。ファシズムと日本軍国主義の中核に皇室があると決めつけ、天皇の神話を、この世の中から完全に消滅させようとしたのです。

これに対し、国務省にいた元駐日大使ジョセフ・グルーらの知日派は、完全無条件降伏に固執して皇室の廃止を求めることは、戦争を長引かせるだけだと反対していました。しかしルーズベルトは、皇室存続という寛容策を退けました。

アメリカの世論も、プロパガンダで反日一色に染まっていたため、第1章でも述べたように、アメリカ人の77％が昭和天皇の処罰を望むという状態でした。

しかし、日本としては、皇室の存続（国体護持）の条件をアメリカから引き出すまでは、玉砕覚悟で徹底抗戦するつもりでした。アメリカが完全無条件降伏を勝ちとるには、本土上陸作戦を完遂しなければなりません。本土決戦では、アメリカ軍は五〇〇万人の兵力を要し、死傷者は一〇〇万人を上まわると予測されました。

それまでも、日本軍に対してアメリカ軍は非常に厳しい戦いを強いられてきました。一九四五年二月の硫黄島の戦いでは、アメリカ軍は五日間で陥落できると考えていましたが、栗林忠道中将（戦死の直前に大将に昇進）によるゲリラ戦で戦いは三七日間にも及び、アメリカ軍にも多大な犠牲を出しました。

日本側の守備隊二万人超が一〇〇〇人余りを残して玉砕しましたが、アメリカ軍の死傷者も戦死六八二一人、戦傷二万一八六五人の合計二万八六八六人で、あまりの犠牲者の多さから、アメリカ国内で作戦への批判が出るほどでした。第二次世界大戦でも屈指の激戦で、クリント・イーストウッドが監督した「硫黄島からの手紙」という映画にもなったことは、みなさんご承知でしょう。

また、同年三月末から始まった沖縄戦では、特別攻撃隊、いわゆる「特攻」という体当たり作戦が、アメリカ兵を恐怖のどん底に陥れます。上陸作戦では、連合国軍におけるアメリカの最高指揮官であるバックナー中将が日本陸軍の攻撃で戦死、アメリカ兵の戦死者一万四〇〇六人、戦傷者七万二〇一二人という、多大な犠牲を払いました。メル・ギブソンが監督した映画「ハクソー・リッジ」は、沖縄上陸の大激戦を舞台にしています。

犠牲者の増大は、アメリカ国内での厭戦気分を高めます。しかも一九四五年二月のヤルタ会談の密約で、ソ連（当時）のヨシフ・スターリンは、ポーランドの東側三分の一と、日本の千島、樺太、大連を手に入れる果実をルーズベルトから勝ちとっています。

一九四五年四月一二日、ルーズベルト大統領が病死して、副大統領だったハリー・トルーマンが大統領に就任します。引きつづきアメリカが完全無条件降伏にこだわりつづければ、日本の早期降伏を妨げ、スターリンの漁夫の利を増やすことになりかねません。

前述した元駐日大使のグルーは、当時、国務長官代理に就任しており、国連の設立準備に忙殺されていたエドワード・ステティニアス国務長官に代わって、対日政策決定の主要メンバーになっていました。

グルーは、もし皇室を破壊すれば、日本は拠りどころを失って崩壊するなどとヘンリー・スティムソン陸軍長官を説得し、皇室存続という有条件降伏でトルーマン大統領の了解をとりつけることに成功しました。

グルーは部下のユジーン・ドゥーマンにポツダム宣言の草案を書くように命じました。

ドゥーマンの起草したポツダム宣言草案の第一二条には「平和政策を遂行する芽が植えつけられたと確信するならば、これは現在の皇室のもとでの立憲君主制を含むこととする」という一文が盛り込まれていました。

国体護持を約束しないアメリカ

ところが、トルーマンは草案にあった立憲君主制容認の部分を、最終稿の段階で削除します。皇室の存続を曖昧なままにして、日本がポツダム宣言を早々に受諾できないようにするためでしょう。

唯一の核保有国として、戦後の対ソ外交を有利に進めるため、あるいは原爆の威力を検証するために、原爆投下前には日本を降伏させたくなかったともいわれます。

一九四五年七月上旬に、国務長官が対日強硬派のジェームズ・バーンズになり、日本の共和制への移行を唱えてグルーと対立していたディーン・アチソンが、国務次官に就任しました。政権を追われたグルーとステティニアスは、まもなく引退します。そして同年七月二六日にポツダム宣言が発表されるのです。

皇室の存続に関する記述がないポツダム宣言を日本は黙殺します。すると八月六日、広島に原爆が投下されました。その二日後にソ連が対日宣戦布告を行い、九日未明には満洲で戦闘開始。同日午前一一時二分、長崎に原爆が投下されます。

日本政府はようやく八月一〇日付で、「天皇の国家統治の大権を変更するの要求を包含し居らざることの了解の下に帝国政府は右宣言を受諾する」と回答しました。

天皇大権というのは、議会の協力なしに天皇が行使できる権利のことです。天皇は条約の締結、緊急勅令や戒厳令を公布したり、軍隊を指揮監督したりする最高指揮権（統帥権）を有していて、軍の統帥権は内閣からも独立していました。日本政府が連合国に出した唯一の降伏条件は、厳密にいえば、この天皇大権を維持することであり、それが本来の「国体の護持」でした。

これに対してバーンズ国務長官は、「降伏の瞬間から、天皇および日本政府の国家統治の権限は連合国最高司令官の制限の下に置かれる」「日本国の最終的な政治形態は、ポツダム宣言に従って、日本国民の自由に表明する意思により決定される」と回答、「天皇大権を守る」ことは明示されませんでした。

さらに日本国内で問題になったのは、バーンズの回答のなかで使われた「制限の下に置かれる」の英文「subject to」です。これを外務省では「制限の下」と翻訳したのに対して、軍部は「隷属する」と解釈し、議論は紛糾して収拾がつきません。

ちなみに、この訳に関する正解は後者です。しかし、それだと憲法改正を行ったときの日本の主権者は天皇や国民ではなく、ＧＨＱやマッカーサー元帥だったことになるので、戦後は前者であったかのように理解されました。「United Nations」、すなわち「連合国」のことを「国際連合（国連）」と訳すなど、日本ではときどき「意図的な誤訳」が見られます。

結局、八月一四日、天皇が御前会議を召集され、昭和天皇の御聖断によりポツダム宣言の受諾が確認されました。この段階で、日本政府は皇室の存続について、何の約束も言質《げんち》もとれていなかったのです。

日本政府としては、占領政策について大幅に譲歩してでも、とにかく皇室の存続を図ることが最重要課題となっていきました。

マッカーサー独裁による占領政策

日本の敗戦後、連合国軍が日本に進駐し、最高司令官に就任したマッカーサー元帥のもとで「日本を徹底的に改革する」占領政策が始まります。

「降伏後における米国の初期の対日方針」（一九四五年九月二二日）を見てもわかるように、占領の究極の目的は「日本国が再びアメリカの脅威となり、または世界の平和および安全の脅威とならないことを確実にすること」でした。それはつまり、二度と自分たちに刃向かうことがないように、日本を非軍事化・弱体化させて、アメリカ流の民主主義の国に改造することです。

名目上、日本は連合国軍の占領下に置かれましたが、占領軍のほとんどはアメリカ軍であり、事実上、アメリカの単独占領でした。最高司令官マッカーサーの指令にもとづいて日本政府が政策を立案・実行していく「間接統治」が採用され、最高司令官の指令（ポツダム命令）は、憲法を含む日本のすべての法令に優先しました。

一方、連合国の占領政策の最高決定機関として、ワシントンに極東委員会が設置され

（一九四五年一二月二七日）、あわせて連合国最高司令官／連合国最高司令官総司令部（SCAP／GHQ）の諮問機関として、東京に対日理事会が設置（一九四五年一二月二七日）されます。これは、日本の占領がアメリカ政府とマッカーサーの独裁にならないようにする配慮でもありました。

しかしアメリカ政府は、連合国間の合意が成立しない場合は、極東委員会の決定がなくともマッカーサーに占領政策を指令することができましたし、しかも極東委員会の採決では、アメリカ、イギリス、ソ連、中国の四カ国に拒否権が認められていたので、必ずしも採決が行われる保証はありませんでした。また対日理事会についても、実働部隊をもたないため、お飾りの監視機関でした。つまり現実には、アメリカの要望が何でも通る仕組みが整えられていたのです。

そのアメリカによる占領政策決定のメカニズムはどうなっていたのか。もともと戦後処理方法の検討は、国務省の「戦後計画委員会」、陸軍省の「民政局」、海軍省の「占領地域局」のそれぞれが独自に検討していましたが、一九四四年一二月に「国務・陸軍・海軍三省調整委員会（SWNCC、スウィンク）」として統合されます。SWNCCが、対日政策決定の最高意思決定者である大統領を補佐する仕組みです。

先ほど挙げた「降伏後における米国の初期の対日方針」は、原案は「ＳＷＮＣＣ１５０」と呼ばれます。その原案が何度か改定されて「初期の対日方針」（ＳＷＮＣＣ１５０／４）となり、国務・陸軍・海軍長官の承認と、トルーマン大統領の最終決定を経てマッカーサーに通達されました。その後の占領政策文書も同様に「ＳＷＮＣＣを冠した文書番号」がつけられています。

さらにアメリカ政府は占領初期において、マッカーサーに対して強大な権限を与えます。トルーマン大統領は「連合国最高司令官の権限に関するマッカーサー元帥への通達」（ＳＷＮＣＣ１８１／２、一九四五年九月六日）を発し、以下のようにマッカーサーに命じます。

「天皇及び日本政府の国家統治の権限は、連合国最高司令官としての貴官に従属する。貴官は、貴官の使命を実行するため貴官が適当と認めるところに従って貴官の権限を行使する。われわれと日本との関係は、契約的基礎の上に立っているのではなく、無条件降伏を基礎とするものである。貴官の権限は最高であるから、貴官は、その範囲に関しては日本側からのいかなる異論をも受けつけない」（連合国最高司令官の権限に関する指令）

要するに、ポツダム宣言に書かれた降伏条件は無視していいという大統領のお墨付きです。天皇の処分も日本統治も、すべてはマッカーサーの判断に委ねられたわけです。

さらにマッカーサーは、指揮系統の異なる「連合国最高司令官」と「アメリカ軍の極東司令官」という二つの立場を使い分けていました。

本来のマッカーサーの立場は、アメリカ陸軍の一将官であり、本国の統合参謀本部から出される命令に服従する義務がありました。ところが連合国最高司令官は、アメリカ軍統合参謀本部の命令の管轄外であり、極東委員会の指揮系統に入ることになっていました。

連合国最高司令官でもあったマッカーサーはこの理屈を利用して、統合参謀本部からの命令をしばしば無視しました。

そして極東委員会の決定もまた、直接マッカーサーに命令を出すのではなく、アメリカ政府を通じて伝達される仕組みでした。

簡単にいえば、日本でのマッカーサーはなんでも独断でやりたい放題だったのです。

たとえば、アメリカ軍には、一九四五年九月二日に行われる降伏文書調印式の直後に、マッカーサーの名前で日本政府の三権を停止して直接軍政をしき、英語を公用語にするなどの布告を出すという計画がありました。

そこで日本政府の全権として調印式に臨んだ重光葵外相は、「ポツダム宣言に違反するつもりなのか」とマッカーサーに猛抗議しました。これに対してマッカーサーは即座に理解し、アメリカ軍の決定を独断であっさりと撤回しました。

しかし、絶対権力をもったマッカーサーでも、唯一の例外が憲法でした。日本の憲法に関するアメリカ政府の指令については、極東委員会との事前の協議と合意が必要とされていたのです。極東委員会の初会合は、一九四六年二月二六日に開かれることになります。

国家の指導者は開戦の責任を負うべき?

連合国では終戦前から、天皇の戦争責任を問う声が大きく、終戦から一カ月も経たない一九四五年九月一〇日には、昭和天皇を戦犯として裁くことがアメリカの政策であるとの決議案がアメリカ連邦議会に提出され、可決されています。「日本国天皇ヒロヒトの身柄の処遇」というアメリカ政府の基本政策文書には、四五年一〇月八日付の結論として、「ヒロヒトは、戦争犯罪人として逮捕・裁判・処罰をまぬかれない」と記されています。

同年九月一一日、GHQは事前通告なしに、東条英機元首相をはじめとする三九人を、戦争犯罪人としての容疑で逮捕・勾留しました。これはきわめて異例なことでした。というのも、第二次世界大戦が終結するまでの戦時国際法によれば、戦争犯罪人とは、ジュネーブ条約やハーグ陸戦条約に違反した者、たとえば非戦闘員を殺害したり、一般市民への略奪行為や、捕虜の虐待などの「戦場犯罪」を犯したりした者を意味していたからです。

敗戦後のドイツでニュルンベルク裁判が開かれるまでは、実行犯ではない国の指導者や軍隊の司令官を「戦争犯罪人」としてその責任を問うたことはなかったのです。

日本政府も当然のことながら、連合国は当時の戦時国際法に違反して「戦場犯罪」を犯した戦闘員を裁くと認識していたはずです。しかし、ＧＨＱはいきなり、帝国憲法のもとで天皇を輔弼する総理大臣や外務大臣を逮捕しました。それは、「何か新しい基準で日本を裁く」という明確なメッセージであり、天皇や皇族にも責任追及の手が伸びる可能性があるということです。政府にも天皇側近にも危機感が募りました。

もちろん私は、「平和に対する罪」などという意味不明な事後法で裁いた東京裁判（極東国際軍事裁判）を、まったく認めない立場です。あんな茶番劇を裁判と呼ぶのは、法治国家の裁判制度に対する侮辱であり、法律家の一人として許せることではありません。そのことは、『米国人弁護士が「断罪」東京裁判という茶番』をはじめ、これまでの著書にもたびたび書いてきました。

ただ、昭和天皇は開戦の詔書に自ら署名して、アメリカ、イギリスに送付しているため、連合国側としては、実質的な決定権限がなかったとしても、国家元首として開戦そのものについての責任はまぬかれないという認識だったようです。

第2章でも述べた、皇室の存続決定に重要な役割を果たしたボナー・フェラーズ准将（マッカーサーの副官）も、昭和天皇の戦争責任を調べた報告書で、同様の指摘をしました。昭和天皇を戦犯として裁くことに反対していたフェラーズですら、天皇の戦争責任を全否定はできなかったのです。

天皇を政治利用したマッカーサー

前述した「初期の対日方針」と並行して、一九四五年一一月一日にはアメリカ軍の統合参謀本部から「日本占領及び管理のための連合国最高司令官に対する降伏後における初期基本的指令」（SWNCC52／7）が出されます。ここには、次のような文章が記載されています。

「さらにこの政策は、合衆国の目的達成のための斬新的変化に反対する天皇や日本政府を支持するように最高司令官をコミットさせるものではない。われわれの政策は現存の政治形態を利用することであり、支持することではない。封建的で権威主義的傾向を変更する方向に向けて、日本国民あるいは政府によって主導される政治形態の変革は許され奨励される。もしこのような変革の実施が、それに反対する者に対して、日本国民や政府による暴力の行使を必要とする場合は、最高司令官は自分の部隊の安全を保障し、それ以外の占領目的達成のためにのみ介入すべきである」（片岡鉄哉『さらば吉田茂：虚構なき戦後政治史』文藝春秋）

皇室の存続については判断を避けているものの、天皇や日本政府の政治利用の意図をあからさまに示し、もしも現体制が変革に反対するならば、革命による体制打倒も容認することを宣言しているのです。

これだけ追い詰められながらも、天皇が戦争責任を問われなかった理由は第２章で述べましたが、昭和天皇ご自身が占領改革を積極的に支持されたことも大きかったと思います。アメリカ政府の知日派には、昭和天皇を利用して戦後日本をコントロールしようという有力な占領プランが早くから存在しましたが、その路線が最終的には勝利を収めたわけです。

マッカーサーのこの判断は大正解でした。日本人の精神をとりまとめる強い〝指導者〟

を残し、味方につけたおかげで、GHQは大胆すぎるほどの改革を断行できたからです。

もちろん、マッカーサーが行ったことがすべて日本のためになったわけではありません。むしろ害悪になったことも少なくありません。

もともとマッカーサーのさまざまな政策にしても、「日本のため」というより「連合国やアメリカの利益のため」です。また、個人的に昭和天皇に対して尊崇の念をもったとされていますが、天皇や皇室を残したのは、あくまで占領政策をスムーズに行うためという理由のほうが大きかったと思います。

ですから、日本人を精神的な面から無力化するために、道徳教育である「修身」をやめさせて、「日本はダメな国だ」という自虐史観教育を徹底しました。

「労働組合の推進」も行いましたが、労働組合の内部に共産主義者が大勢入り込みました。GHQが共産党の労働組合連合組織である産別会議（全日本産業別労働組合会議）を推奨していたからです。産別会議の組合員数は瞬《また》く間に六〇〇万人に達しました。

当時のインテリには珍しくないことですが、GHQの内部には共産主義者が少なからずいて、共産主義のイデオロギーを後押しする一方、戦時中に逮捕された共産党幹部を釈放させるといった行動をとっていました。

一連の占領政策の中心的な担い手は、憲法草案をつくったＧＨＱの民政局であり、政治および統治機構全般の改造を担当しました。もう一つが、思想面からの国家改造、言い換えれば「国家レベルでの洗脳」を行う、民間情報教育局（ＣＩＥ）です。このＣＩＥが一九四五年一二月一五日に「国家神道廃止令」、いわゆる「神道指令」を出しました。

ＣＩＥをはじめとして、当時のアメリカには、「日本人は赤ん坊から年寄りまで、軍国主義に染まっていて取り返しがつかない」という思い込みがありました。国家が神道にかかわることを全面的に禁止することで、二度とアメリカに立ち向かってこないようにする意図もありました。

日本人に戦争の罪悪感を植えつける「ウォー・ギルト・インフォメーション・プログラム（ＷＧＩＰ）」も、一九四六年一月一日に出された天皇の神格化を否定する「人間宣言」も、こうした占領政策の一環として捉えるべき話なのです。

プロイセン型の憲法を英米型に変更

前述したように、大日本帝国憲法は形式として天皇主権でしたから、日本の敗戦後、アメリカは日本政府に対して、国民主権型の英米法に憲法を書き換えることを求めます。

ワシントンから「憲法改正を実行せよ」という指令「SWNCC228」が到着したのは、一九四六年一月一一日です。同指令は国民主権を言明し、皇室の存続は日本国民の意思によるが、天皇の大権、つまり厳密な意味での国体護持を明確に否定していました。

しかし、それに先立って、マッカーサーは一九四五年九月一五日に、東久邇稔彦《ひがしくになるひこ》首相に対して最初の改憲提案をし、一〇月四日には近衛文麿国務大臣に提案しています。さらに同日、憲法改正を示唆する条項が含まれた「政治的、民事的、宗教的自由に対する制限の撤廃に関する覚書」（自由の指令）を交付し、この指令の実行をためらった東久邇内閣は一〇月五日に内閣総辞職。一〇月九日に幣原内閣が成立し、一一日には幣原喜重郎首相に憲法改正を指示しています。幣原首相は内閣に憲法問題調査委員会の設置を閣議了解（一〇月一三日）して、松本烝治国務大臣を委員長に任命しました。これが「松本委員会」です。

日本国憲法の制定過程はすでに第2章で述べましたが、「松本委員会」が主体となって作成された改正試案（松本試案）は、天皇大権を維持するなどの「松本四原則」に沿ってつくられたものであり、大日本帝国憲法に近い内容でした。

もともと日本政府は、ポツダム宣言に憲法改正が明記されていなかったことなどから、帝国憲法の条文を柔軟に運用する解釈改憲的な手法で、ポツダム宣言が求める民主的な政府の樹立が可能だと考えていたのです。

そもそも日本政府は、主権者たる天皇から権限をいただいて政務を司る存在ですから、その主権者を天皇から国民に変えるなどということができるわけがありません。その発想すらなかったと思います。

しかし、「毎日新聞」によって松本試案がスクープされ、保守的な内容に激怒したマッカーサーはこの案を却下、ＧＨＱ自ら草案をつくることになったことは、すでに述べたとおりです。

日本の憲法学者のなかには、ＧＨＱ草案は、憲法史研究家の鈴木安蔵の草案がベースになっていると主張する人もいます。だから、日本国憲法は「日本人がつくった」と言いたいのでしょう。しかし、鈴木草案には日本国憲法の最大の特徴となった「戦争と戦力の放棄」が入っていませんでした。

また、「戦争と戦力の放棄」は当時の幣原首相がマッカーサーに提案したという説もあります。ところが、ＧＨＱ草案を提示された幣原首相は、松本烝治国務大臣と協議したうえで、以前、GHQに却下された「松本案」の再説明書を提出してGHQの再考を促しています。言うまでもなく、この「松本案」には「戦争と戦力の放棄」は入っていません。だから、日本国憲法や、その根幹である「戦争と戦力の放棄」を日本人自らが考案して制定したという説には無理があります。

だいたい、GHQ自身が、自ら草案をつくった事実を公式に認め、草案が書かれた過程を詳述しています（邦題は『日本の政治的再編成　一九四五年九月〜一九四八年九月』GHQ民政局編）。

たしかに、手続き上は日本の帝国議会が改正審議を行って議決し、天皇が公布するという手順を踏んでいますが、実質的にはマッカーサー率いるGHQが作成したということは、歴史的事実が証明しています。護憲派の「こじつけ」は見苦しいだけです。

「公職追放」はGHQ憲法のための布石

第2章ではGHQが行った「公職追放」についても少しふれましたが、これも憲法改正と密接な関係があります。

ＧＨＱは一九四六年一月四日付の連合国最高司令官覚書「公務従事に適しない者の公職からの除去に関する件」にもとづき、一五〇万人に「公職追放に関する審査における調査表」提出命令を出しています。四八年までに、九〇万人を審査し、二一万人を追放しました。

アングロサクソンの社会では、人間関係をいじくりまわすことを「ソーシャルエンジニアリング」と呼んで忌み嫌うのですが、この「公職追放」はまさにそれを実行したものでした。

日本の既存の政治勢力や統治階級に「軍国主義者」「超国家主義者」のレッテルを貼って根こそぎ追放し、彼らが考える民主主義勢力に首をすげ替える。そのことによって、日本という国家の性格を一気に変えてしまおうという政策なのです。要するに、Ｍ＆Ａで買収した企業の役員を、全員入れ替えるようなものです。

その政策を主導したのが、理想主義と共産主義的なイデオロギーをまとったニューディーラーたちでした。

実際に誰を追放するかについては、マッカーサーの意向次第でした。マッカーサーは、間接統治をスムーズに行うという実務的な面と、天皇を救うためという政治的な面から、官僚を追放せずに温存する一方で、保守思想の職業政治家や軍幹部、有力企業幹部、大学教授、マスコミ幹部など、社会に対して大きな影響力がある人物たちを、戦争協力者、煽動者として公職から追放しました。

前述したように、それまでの保守派がパージされ、その代わりに入ってきたのが共産主義者や左派勢力でした。

前掲書『さらば吉田茂：虚構なき戦後政治史』によれば、公職追放の目的は新憲法制定にあったといいます。新憲法に反対しそうな階級を追放し、賛成派で固めた政党をつくりあげ、「自主的」に新憲法を採択させる。そのために追放を繰り返したと同書は説いています。

そもそも、敗戦間もない頃は、政治家や学者の多くが大日本帝国憲法の条文改正は不要だと考えていました。

たとえば、次章で述べる「天皇機関説」で有名な美濃部達吉教授は、憲法の民主主義化は、大日本帝国憲法の条文の下でも法令の改正や運用によって可能であり、憲法改正は必ずしも必要ないと論じていました。

また、憲法学の権威であった宮沢俊義教授も、当初は憲法改正不要論でした。ところが宮沢は、日本国憲法への改正がＧＨＱ主導で進められるなかで立場を一八〇度変え、ポツダム宣言の受諾によって主権者が天皇から国民に変わる革命が起きたという「八月革命説」を考案して、新憲法成立の正当性を擁護し、帝国憲法は非民主的だと完全否定するようになりました。

宮沢が変節した理由は、公職追放を恐れたからだといわれています。

こうして考えれば、戦後日本の憲法学者やマスコミが、そろって護憲派なのもうなずけます。彼らは公職追放によって追い出された保守派に代わって重要な地位に就いた者たち、あるいはその後継者だからです。たとえば、前述のようにＧＨＱの検閲に協力した日本人検閲官五〇〇〇人余りのリーダー格だった高野岩三郎は、戦後のＮＨＫの初代会長に就任しています。

渡部昇一氏は、公職追放のおかげで要職を得たかわりに、ＧＨＱにおもねり、日本弱体化の占領政策に加担した人たちのことを「敗戦利得者」と呼んでいました。戦前の日本を完全否定し、ＧＨＱの占領政策によって築かれた戦後体制を肯定する。そのこと自体が彼らの存在意義なのです。

彼らにとって日本国憲法や東京裁判、自虐史観教育などに異を唱えることは、自分たちの地位と存在意義を脅かすことになるわけですから、できるはずがありません。彼らが各界の要職を務めることで、下の者たちも反対意見を唱えられなくなります。

こうしてGHQの占領が終わっても、憲法学会では「護憲派」や「自衛隊違憲論者」が主流のまま続き、それに異を唱える者は、学者としての出世の道が閉ざされます。戦後の日本では、そういうことが各分野で長年続いてきたわけです。

私も法律家のはしくれですが、実際に自分の職業や家族の生活を左右するとなれば、主流意見に迎合せずに自説を貫けるかといえば、絶対的な自信はありません。ですから、戦前から日本の破壊を目論んでいた根っからの共産主義者であれば話は別ですが、自分と家族の生活を守るため、戦後に「ユダ」となってGHQに仕えた日本人エリートたちには、同情も感じます。ですが、このような歴史的事実があったこと自体は、日本人の誰もが知っておくべきことだと思います。

英米型憲法を大陸型で解釈する日本憲法学者の愚

日本国憲法は、実質的にアメリカがつくった英米法の憲法典です。先述したように、英米法は基本的に慣習法であり、法律の条文に書いていないことも、判例や慣習などで判断基準が決まっていくので、柔軟性が高いのです。

一方の大陸法は、法律に書いてあること以外はやってはいけないというものであり、文字になっていないことをやろうとするには、法律の条文を新設したり、改正したりするしかないのです。

ドイツは戦後、六〇回近くも憲法を改正したといわれていますが、それは、ドイツの憲法がそもそも大陸法だからです。

しかし、日本国憲法は英米法の法体系でつくられているにもかかわらず、戦後の憲法学者や弁護士、政治家たちは、これを大陸法的に解釈してしまっていることが、致命的な過ちなのです。

たとえば、憲法第九条第二項には「陸海空軍その他の戦力は、これを保持しない」と書かれていますが、これを理由に自衛隊は違憲だとする主張は、その最たるものです。

本来、英米法であれば、「国家を健全に運営するために、憲法とはどうあるべきか」ということが基本となり、それが時代に応じた判例や慣習に現れて、実質的意味の憲法が形成されるわけです。だから時代や国際状況によって憲法の条文の解釈も変わります。

しかし大陸法の場合、「憲法の条文はどうなっているか」がすべてであり、その時々での解釈変更は認められません。

そのため、日本国憲法を大陸法として見る憲法学者たちにとって、自衛隊は軍隊ではなく、したがって交戦権もなく、集団的自衛権の行使も認められないということになる。だから、集団的自衛権の行使を前提とした安全保障関連法案は「違憲だ」となるわけです。

しかし、英米法として日本国憲法を見た場合、その時々で解釈が変わるのは当然なのです。

さらにいえば、憲法第九条第二項の「陸海空軍その他の戦力は、これを保持しない」の前には「前項の目的を達するため」と書かれています。「前項の目的」とは何かといえば、「日本国民は、正義と秩序を基調とする国際平和を誠実に希求し、国権の発動たる戦争と、武力による威嚇又は武力の行使は、国際紛争を解決する手段としては、永久にこれを放棄する」ということです。

すなわち、「国際平和を希求しない武力による威嚇や戦争（＝侵略戦争）のための軍隊」を否定しているのであり、「自衛のための軍隊」を否定しているわけではないと考えられるのです。

この「前項の目的を達するため」という文言は、一九四六年八月、憲法改正草案を審議する日本政府憲法改正小委員会において、委員長の芦田均が第九条第二項の冒頭につけ加えた文言、いわゆる「芦田修正」であり、これによって自衛権の保持や自衛のための軍隊をもつことまで日本は否定していないと解釈する余地が生まれたのです。

ちなみに、英米法のわかりやすい例を挙げると、二〇一六年六月、アメリカ連邦最高裁判所が人工妊娠中絶を規制するテキサス州の州法を憲法違反だとして無効判決を出しました。その理由は、プライバシーの権利に反するということでしたが、しかし、アメリカの憲法にはプライバシーの「プ」の字もありません。

実は、イギリスの慣習法で、人身保護法というものがあります。「ヘイビアス・コーパス」といいますが、逮捕されたときに、裁判官の前に連れていかれて何の罪状かを告げられる権利です。これは、自分の身体の自由に対する権利なのです。

自分の身体の自由に関する権利があるわけだから、人工妊娠中絶をする権利もあるというのが、最高裁判所の判断だったのです。とすると、自分の身体に関する権利はどこまで及ぶのか、胎児にまで及ぶのか、すると胎児自身のプライバシーはどうなのか。

胎児に障害が見つかったときに中絶する人もいますが、それを「殺人だ」と主張する人もいます。しかし、女性の身体に対する権利だという主張もある。英米法の法体系においては、そういうことをガンガン論議するわけです。それほど法律は柔軟なのです。

日本の弁護士に「こういうことをしたいのだけれど、違法ですか?」と聞くと、返ってくる答えは、「六法全書にある何法の第何条何項でこう書いてあるから駄目です」とか「大丈夫です」と言うだけ。

しかし、クライアントは違法か合法かを聞きたくて、弁護士に相談するわけではないでしょう。ストレートに考えたら違法という場合でも、アメリカの弁護士は「どうしたら合法的に行えるのか」までアドバイスしないと、報酬を得られません。どのようにしたら成功する可能性があるのか、そのパーセンテージはどの程度なのか。そこまで考えてアドバイスをしないと、弁護士として報酬を受け取る権利も資格もないと考えます。

大陸法は法律条文に書かれていることだけが判断のすべてとなりますが、英米法は法律条文をどのように解釈していくかが重要なのです。憲法学者たちが「自衛隊は違憲だ」と言うのは自由ですが、だったら自衛隊は廃止すべきというのでしょうか。それでどうやって日本を守るのでしょうか。そこまで具体的に考えることなく、英米法由来の憲法をもちながら、誤った大陸法的解釈と、その結論の無責任さを恥じない日本の憲法学者や政治家は、非常に問題が多いと思います。

日本国の憲法は実質的に何度も改正されている

憲法改正反対を唱える護憲派のなかには、「日本国憲法」の条文の一字一句すら変えてはいけないと主張する人たちもいます。

たしかに「日本国憲法」の文言は七〇年間一文字も変わっていませんが、実は、「日本国の憲法」は、これまで何度も改正されています。

どういうことかといえば、日本国憲法のような成文（文章に書き表された）の「憲法典」は、その国の憲法を構成する中心ではあっても、憲法の要素の一つにすぎません。このことは、憲法学の教科書でも最初に書いてある内容で、基本中のキホンです。

憲法に付随する法律や、明文化されていない慣習法、国際法、あるいは政府解釈、裁判所の判例、専門家の解釈学説なども、広義の「憲法」にあたります。これらを「実質的意味の憲法」と呼んだりしますが、これらが変更されていれば、実質的に憲法が変更されたと見なすのです。

憲法に付随する法律とは、たとえば日本の場合、皇室典範や国会法、内閣法、裁判所法、公職選挙法などです。日本国憲法には、「法律の定めるところにより」「法律でこれを定める」などと書いてあるところが三〇カ所以上あります。各国の憲法と比べてもその数は多く、憲法条文の文言を変更しなくても、法律改正による実質的な憲法改正がしやすい憲法典ではあるのです。

たとえば日本では、一九九四年に公職選挙法を改正して「小選挙区比例代表並立制」を導入しました。これは中選挙区制のときと比べて代議士の選出方法が様変わりしたという意味で、「政治体制の変革」であり、学問上の分類では、「実質的な憲法改正」になります。過去に行われた、日本国憲法における最大の「実質的な憲法改正」は、一九五〇年に行われた、憲法第九条第二項「陸海空軍その他の戦力は、これを保持しない」の政府解釈の変更で間違いありません。

もともと戦力放棄や戦争を禁じた憲法第九条は、あまりにも世界の現実を無視した実験的な規定でした。実際、新憲法の制定直後から、米ソ冷戦はいっそうと深刻化し、一九五〇年六月には、日本のすぐ目の前の場所で朝鮮戦争が勃発しました。

アメリカ政府は自分たちが押しつけた憲法第九条を無視して、日本に軍隊の創設を命じます。しかし当時の吉田茂首相は、新憲法を審議していた一九四六年、国会で、「日本は憲法第九条で、自衛のための軍備と自衛戦争の両方を放棄した」との答弁をしていました。つまり四六年の時点で、憲法第九条についての政府解釈は、日本の自衛権の存在すら否定するものだったのです。

ところが、国務長官顧問（後に国務長官）ジョン・フォスター・ダレスを筆頭に、日本を永久に弱体化させる方針から一転し、「反共の砦」にしようと考えたアメリカ政府は、再軍備を強く要請します。吉田首相は「憲法第九条は自衛権を放棄していない」と、当初の憲法解釈を一転させて、現在の自衛隊の前身である「警察予備隊」の創設を進めました。

日本がサンフランシスコ講和条約の調印を経て独立を回復するのは一九五二年ですから、五〇年当時はまだＧＨＱの占領下です。事実上の主権者であるマッカーサー元帥が「ポツダム政令」という、日本国憲法より上位の政令を発令すれば、国会の議決を得ることなく、超法規的な措置を実現できました。

警察予備隊の創設は、この「ポツダム政令」の一つである「警察予備隊令」（昭和二五年政令第二六〇号）によって、国会での審議や決議を経る必要もなく、実現しています。

いずれにせよ、このときの吉田首相による解釈変更により、日本国憲法第九条は実質的に大幅改正されたことになったわけです。

そして、日本の独立回復後も、政府は解釈改憲を何度か行っており、現在は「日本は個別的自衛権を放棄しておらず、集団的自衛権も限定的に行使できるが、専守防衛なので戦闘は領土内に限られ、敵地攻撃はできない」という解釈になっています。

加えて、一九九二年制定の国際平和協力法（ＰＫＯ法）や、二〇一五年制定の安全保障関連法の制定などは、憲法に付随する法律の制定にあたり、やはり「実質的な憲法改正」といえます。

その一方、憲法の条文を細部にわたって規定している国では、数字や文言の一語、二語でも変えるには、成文憲法の改正が必要です。当然、憲法典を改正する回数が増える傾向にあります。

いずれにせよ憲法とは、改正の手段はどうであれ、時代や現実の変化に応じて柔軟に改正していくべきものです。そうしなければ、憲法は国の骨格であるがゆえに、政治体制あるいは国家体制そのものが崩壊してしまうリスクを含んでいるからです。

天皇は元首なのか

さて、英米法と大陸法の違いや、憲法解釈の問題などを縷々述べてきましたが、こうして大日本帝国憲法を改正するというかたちで日本国憲法が制定されました。

その第一条では、天皇の地位は「象徴」という、法律用語には存在しない、曖昧な表現に変えられ、国民主権が明記されました。

第一条　天皇は、日本国の象徴であり日本国民統合の象徴であって、この地位は、主権の存する日本国民の総意に基く。

大日本帝国憲法では、第四条において「天皇ハ国ノ元首ニシテ統治権ヲ総攬シ此ノ憲法ノ条規ニ依リ之ヲ行フ」と規定されていましたが、日本国憲法下では、天皇の地位について明確な規定はしていません。

すでに述べたように、マッカーサーは当初、天皇を元首と規定する表現を残そうとしていましたし、マッカーサー・ノートにもそのような指示が書かれています。しかし、極東委員会の反発を恐れて、「元首」ではなく「象徴」としたわけです。

とはいえ、大日本帝国憲法と同様に、日本国憲法第一条が天皇についての項目として残されたことは、日本にとってきわめて重要な意味をもちます。「日本という国の根幹に天皇の存在がある」という意味合いは変わらないからです。

もっとも、天皇を「元首」だと規定していないため、誰が日本の元首なのかということが不明確になってしまいました。誰が元首であるかということはさまざまな見解がありますが、現在の憲法学者の多数は、政治的権力をもつ内閣または内閣総理大臣を元首とする説を有力視しています。

しかし、私から言わせれば、これも日本国憲法を大陸法として扱い、条文上の文言を金科玉条のように奉る憲法学者の悪い癖です。また、天皇の存在を過小評価したいという左翼的思考回路も垣間見えます。日本国憲法を英米法のような慣習法として見るならば、天皇は明らかに実質的な元首です。

憲法第七条では、天皇の国事行為について、次のように書かれています。

第七条　天皇は、内閣の助言と承認により、国民のために、左の国事に関する行為を行ふ。

一．憲法改正、法律、政令及び条約を公布すること。

二．国会を召集すること。

三．衆議院を解散すること。

四．国会議員の総選挙の施行を公示すること。

五．国務大臣及び法律の定めるその他の官吏の任免並びに全権委任状及び大使及び公使の信任状を認証すること。

六．大赦、特赦、減刑、刑の執行の免除及び復権を認証すること。

七．栄典を授与すること。

八．批准書及び法律の定めるその他の外交文書を認証すること。

九．外国の大使及び公使を接受すること。

十．儀式を行ふこと。

たしかに、これらの国事行為は元首が行うべきことです。一方で、「内閣の助言と承認により行う」という制限がつけられているため、天皇の国事行為はあくまで儀礼的な行為にすぎないから、国家元首とはいえないという議論もあります。

とはいえ、これらの国事行為は、天皇が日本を代表する存在だから行うのであって、誰でもいいわけではありません。戦前にしても、「天皇大権」というのは名目上であって、実質的には内閣が政治的決断をしていました。天皇はその判断を追認するだけです。

たとえばイギリスの元首は国王、すなわち現在はエリザベス女王です。しかし、政治決定権は首相にあります。そして首相を任命するのは国王です。

イギリスでは国王の政治的権力については、一応、あることになっているのですが、「国王は君臨すれども統治せず」が原則なので、行使されることはありません。慣習法に基づき、政治の実権は首相を中心とした内閣にあるのです。国王の権力は実質的には形骸化していて、首相の任命にしても、国王に本当の任命権はなく、儀礼的行為でしかありません。その意味では、日本の天皇に近いでしょう。

イギリスでは国王を元首とするならば、日本の天皇も実質的な元首だといっても違和感はないはずです。加えて、前述したように、マッカーサーは政治的な妥協の産物として

「元首」という言葉を取りやめただけですから、天皇は実質的に日本の元首であるといっても間違いではないでしょう。

憲法改正で天皇を「元首」とすべきではない理由

そこで、昨今の憲法改正論議では、天皇を「元首」と明記しようという動きがあります。

自民党の憲法改正草案も、

「第一条　天皇は、日本国の元首であり、日本国及び日本国民統合の象徴であって、その地位は、主権の存する日本国民の総意に基づく」

と、天皇が元首であることを明確に規定しようとしています。

ところが、そのことへの異論もあります。

『対談　憲法改正で日本はこんなに良くなる』（光明思想社）という書籍で対談した加瀬英明先生は、「象徴」という言葉は変える必要があるけれども、「元首」も良くないとおっしゃっていました。「元首」は選ぶもので、政治的に取り替えがきく存在だからです。

加瀬先生は、天皇はその血筋を受け継いでいなくてはなれないため、元首よりももっと重い存在であり、第一条を「天皇はわが国の歴史を通じて、日本を統《す》べてこられた」とか「天皇はもっとも尊い存在である」といった表現にしたほうがいいと主張されていました。

私も加瀬先生と対談したときは、「象徴」という曖昧な言葉は変えるべきだという意見でしたが、とはいえ、加瀬案ではいまひとつわかりにくい。「尊い存在」とはどういうことか、よくわかりません。

そうやって熟考してみると、現在の「象徴」という語句はかなり絶妙な表現だと思うようになりました。

天皇は国民の精神的な拠りどころでもあるし、たしかに国民統合の象徴でもある。加瀬先生の言うように、「元首」以上の存在でもあります。だから、これを厳密に位置づけようとすると、かえって意味を狭めてしまうような気がするのです。

先ほどイギリス国王と比べても、天皇は実質的に元首であることは間違いないと述べました。しかし決定的な違いもあります。それは、イギリス国王はイギリス軍の名目上の最高指揮官だということです。もちろん首相の助言に従わなくてはならないため、事実上の指揮権は首相にあるということになりますが、建前としての「国王大権」が実質的に憲法で認められているのです。

一方で、現在の天皇には、名目上であっても軍隊や自衛隊の指揮権はありません。自衛隊の最高指揮官は総理大臣です。戦前には、実質的に天皇が統帥権を行使することはほとんどありませんでしたが、名目上は「天皇大権」が憲法に明記されていました。

しかし、現在では建前上の権限すらないのに「元首」と明記するのは、ほかの国と比較した際に、どうしても一段、低い意味での「元首」になります。名称は同じでも、名目上の権限はイギリス国王のほうが幅広いということになってしまう。

だったら、「元首」などは使わずに、「象徴」のままがいちばんしっくりくるのではないかと思うのです。だいたい「国民統合の象徴」という存在は、そう簡単に代わりがきくようなものではありません。あるいは、「象徴であり、元首でもある」と言ってもいいかもしれません。

天皇が世界的に見ても唯一無二の存在であることを示す、特別な言葉があったほうがいいと思うのです。

第5章

政治利用された天皇

天皇は戦争を望んでいなかった

天皇は、時代とともにそのかたちを少しずつ変化させてきました。古代は大王《おおきみ》と呼ばれ、七世紀に統一王朝の隋に対抗するため、初めて天皇の称号を名乗ります。

その後、武士の出現で政教分離を成し遂げ、祭祀と文化の象徴として権威的な存在になりますが、一八六八年の王政復古で再び君主として君臨するようになります。

そして、昭和に入り、社会が混沌としていくと、天皇の権威は次第に政局に利用されるようになります。天皇が政争の具に使われるようになったのです。

前章では、天皇主権の大陸法の形式でつくられた大日本帝国憲法を、実際には議会制民主主義の英米法で運用したことが、当初はうまく機能したものの、後に軍部による天皇の政治利用と暴走を招いたと書きました。

では、最初から現在の日本国憲法のように、英米法をモデルにした憲法を作成すればよかったのでしょうか。しかし、それではおそらく天皇の名のもとに国民が一丸となることもなかったでしょうし、急速に富国強兵を成し遂げ、日清、日露戦争に勝利することも難しかったかもしれません。

とはいえ、やはりどこかで日本は変わる必要がありましたし、実際、そうした動きがありました。その一つが「天皇機関説」でした。

天皇機関説とは、憲法学者の美濃部達吉教授によって主張された学説で、「統治権は法人である国家に属し、国の最高機関である天皇が国務大臣の輔弼を受けて行使する」というものです。

要するに、主権は国家にあり、天皇もその国の一つの機関にすぎないということです。そのため、美濃部は国民の代表である議会は内閣を通じて、天皇の意志や行動を拘束することができると説きました。

ある意味で天皇機関説は、天皇主権を謳った大日本帝国憲法と、議会政治を謳った五箇条の御誓文とをうまくつなげる理論だったのです。

一時は明治憲法下で確立した学説であり、昭和天皇もこれに納得していました。

ところが、一九三〇年の統帥権干犯問題を契機に、軍部から天皇機関説を不敬とする声が大きくなっていきます。前述したように、統帥権干犯問題とは、浜口雄幸内閣のロンドン海軍軍縮条約調印をめぐる政治問題で、海軍軍令部の承認なしに兵力量を決定したことは天皇の統帥権の侵害であると非難したものです。

これが軍部や右翼に与えた影響は大きく、条約調印に反対する国粋主義団体の青年に浜口首相は狙撃されて重傷を負い、一九三一年四月、浜口内閣は総辞職します（その後、浜口は狙撃の傷がもとで死亡）。

やがて内閣の影響力を排除したい軍部と、野党・立憲政友会が結びつき、天皇機関説は国体に反する学説として排撃され始めます。一九三五年二月一八日、貴族院本会議で菊池武夫議員が美濃部を攻撃すると、同二五日、美濃部も「一身上の弁明」を出して応戦。これが裏目に出て、排撃運動は激化し、岡田啓介首相が天皇機関説を否定する「国体明徴声明」を二度にわたって出すことで、事態をなんとか沈静化させました。

これにより、立憲主義の統治理念は公然と否定されることになりました。政争に勝利した軍部はますます力をつけ、天皇を「神聖ニシテ不可侵」なものとして、神格化していきます。そして、天皇の威光を背に、内閣の口出しを封じ込め、盧溝橋事件から泥沼の支那事変へと突き進んでいくのです。

断っておきますが、これはあくまで軍部の暴走によるもので、天皇ご自身は満洲事変もシナ事変も、戦線の拡大を望んでおらず、一貫して戦争には否定的でした。陛下はただひたすら平和を願っていたのです。昭和天皇は、大東亜戦争の開戦が決定する一九四一年九月六日の御前会議で、懐から紙片を取り出すと、次の御製《ぎょせい》を二度、詠みあげられたといいます。

よもの海　みなはらからと　思ふ世に　など波風の　たちさわぐらむ

これは一九〇四年に、ロシアと国交断絶を決めた御前会議で明治天皇が詠まれた御製です。四方の海にある国々はみな同胞と思う世に、なぜ争いごとが起きるのだろう。どうして戦争をしなければならないのか。まさに心から平和を願うお気持ちを、この御製に込められたのだと思います。

昭和天皇ご自身も、満洲事変から終戦に至るまで、次のような御製をお詠みになっています。

天地《あめつち》の　神にぞいのる　朝なぎの　海のごとくに　波たたぬ世を（一九三三年）
静かなる　神のみそのの　朝ぼらけ　世のありさまも　かかれとぞ思ふ（一九三八年）

西ひがし　むつみかはして　栄《さかえ》ゆかむ　世をこそ祈れ　としのはじめに（一九四〇年）

峰つづき　おほふむら雲　ふく風の　はやくはらへと　ただいのるなり（一九四二年）

身はいかに　なるともいくさ　とどめけり　ただたふれゆく　民をおもひて（一九四五年八月一五日）

このように、一貫して平和を望んでおられた昭和天皇のお気持ちがうかがえると思います。

残念ながら陛下のお気持ちは届かず、一九四一年末、アメリカと開戦。その四年後の夏、終戦を迎えます。

戦後、国民統合の象徴となった天皇は、ここでも左翼や外国勢力による日本破壊工作に利用されるようになるのですが、それについては以下、具体例を挙げて見ていくことにします。

天皇は差別の元凶という階級闘争の煽動

労働者階級のルサンチマンを煽り、ブルジョアと対立させて階級闘争を煽動する。そして、支配層を崩壊させ、最終的に革命を成就させようというのが、マルクス主義者の常套手段です。これと同じ原理で、「天皇は差別の元凶である」と喧伝し、国民を離反させる工作が左翼の手で行われています。彼らにしてみれば、吉田松陰の「一君万民」という一人の君主の前に身分差は認めない平等思想も、「天皇は民の上に立つ支配者」とまったく真逆の解釈になってしまいます。

彼らは日本というヒエラルキーの頂点に天皇が君臨し、その下の被支配層である国民から搾取を続けていると訴えます。この状況を打破するには、天皇を排除しなければならない。「天皇制」と共存する民主主義など存在しないというわけです。

しかし、それは自分たちが天皇にとって代わり、社会を支配するためのたんなる方便でしかありません。中国共産党を見ればわかるように、すべてを自分たちの支配下に置くことが共産主義者の最終目的です。

ちなみに「天皇制」という言葉は、国際共産党（コミンテルン）の造語であり、戦前、日本共産党に伝えられ、打倒の対象とされました。日本の敗戦直後にも、日本共産党は「天皇制の打倒、人民共和政府樹立」を掲げています。

このように、日本共産党にとって「天皇制」は廃止すべき対象でしたから、長年、国会の開会式を欠席してきました。一月の通常国会の開会式には、毎年、天皇陛下の「おことば」を賜ることが恒例になっていますが、日本共産党はそれを拒みつづけてきたのです。

ところが二〇一六年一月、日本共産党は党として初めて、国会開会式に出席しました。

同年一月五日付の「赤旗」は、その理由について、

「この三十数年来の開会式での天皇の発言（「お言葉」）の内容に憲法上の問題がなくなっていることを踏まえ、今回からは出席した上で、戦前のやり方をそのまま踏襲した形式の抜本的改革を求めていくことにしたもの」

などともっともらしいことを述べていますが、その狙いが野党共闘にあるのは明白です。

日本共産党は、その綱領で、

「天皇の制度は憲法上の制度であり、その存廃は、将来、情勢が熟したときに、国民の総意によって解決されるべきものである」

と、皇室をどうするかについて明記しています。とりあえず、いまは存続を認めるが、政権をとったらゆくゆくはなくしていくという意味だと解釈して間違いないでしょう。

だからこそ、長年、国会の開会式の出席を拒否していたわけですが、政党によっては

「天皇を100％否定している政党とは組めない」という共産党アレルギーが存在しています。それを天秤にかけて、今回、共産党は自分たちの主義を曲げたのです。

論理的に破綻しても、政局を優先する——それは目的を隠した偽装にほかなりません。開会式出席を拒否していたのを出席することで、野党共闘を試みるのは、まさしく天皇の政治利用ですし、私はこのような政党を信じることができません。

天皇崇敬は戦争につながると「君が代」を歌わない愚か者たち

国旗・国歌は、国家の象徴であり、その国に属する人々の愛国心の象徴です。自国のものであっても、他国のものであっても、誰もが無条件で大切に扱うべきというのが世界の常識となっています。アメリカでは、国旗を掲揚し国歌を斉唱するときは起立して胸に手を当てなければなりません。自由の国といわれるアメリカでも、国旗・国歌を冒瀆《ぼうとく》することは許されないのです。

そんな常識に反する国が世界に一国だけあります。日本です。「日の丸」や「君が代」に嫌悪感を抱く一部の人たちだけでなく、ごく普通の国民も「君が代」を歌うことをためらってしまう。愛国心を示すことにどこか恥ずかしさを感じるというのです。さらに、「君が代」を歌わない人のなかには、そもそも学校で習ったことがなく、知らないから歌えないという方がかなりの数いると聞いて、私は本当に驚きました。

そうなった理由を私はよく知っています。「君が代」は「先の戦争における軍国主義の象徴だから歌うべきではない」「国歌として認めたくない」などと、子供じみたワガママを言う教師が全国に存在するからです。

税金から給料をもらう公務員たる教師が、憎国的な個人感情やゆがんだ思想を教え子に強制している。「日の丸・君が代を押しつけないで！」と被害者顔で活動していますが、彼らこそ、身勝手な思想信条を子供や地域社会に押しつける加害者というべきでしょう。

彼らが「君が代」を嫌悪する大きな理由の一つが、天皇です。歌詞の「君」は天皇を指していて、「君が代」はまさしく天皇を崇敬する歌にほかならないというわけです。しかし、「君が代」の歌詞がどこからとられたかを知れば、彼らの理屈がまさにこじつけであるということがわかります。

「君が代」の原歌（もとうた）となったのは、『古今和歌集』の〝賀歌〟に収められた「題知らず　詠人知らず」の一句、「わが君は　千代に八千代に　細れ石の　いわほとなり

て　苔のむすまで」といわれています。『古今和歌集』は平安前期、醍醐天皇の勅命を受けた紀貫之らによって編纂された歌集で、〝賀歌〟とは「長寿を祝う算賀の歌」のことです。つまるところ、還暦や古希を迎えた父や母、友人など（もちろん天皇でもよいのですが）、誰でも算賀のお祝いをするときに贈る歌がもとになっているのであって、それを「君＝天皇」と決めつけるのは、なにかそうしたい人たちの工作の意図を感じます。

それでも、「君が代は戦争を連想させるから……」とまだ躊躇している人には、「では、あなたはアメリカの国歌をどう思うか」と一度、聞いてみたいものです。アメリカの国歌「星条旗（The Star Spangled Banner）」の歌詞は、こうです。

おお、われらの星条旗よ　夜明けの空、黄昏の靄の中で
誇りに満ちてきらめく
その太い縞と輝く星は、弾丸が飛び交う戦の庭に、夜通し堂々と翻っている
おお、われらの星条旗があるところ、自由と勇気ともにあり

これを作詞したのは弁護士のフランシス・スコット・キーです。彼はアメリカ独立後四

〇年たって起きた米英戦争（一八一二～一五年）の最中、捕虜となった友人の釈放を求めてボルチモア港内に停泊中のイギリスのフリゲート艦に乗り込みます。そして、イギリス艦内に拘留されたまま、イギリス艦隊の猛攻撃にさらされる自国のマクヘンリー要塞を目《ま》の当たりにします。二五時間に及んだ猛攻にもマクヘンリー要塞は耐え、夜明けにキーがイギリス艦から要塞を見ると、そこには無傷の星条旗が翻っていました。その姿に感動し、一気に詠みあげたのが「星条旗」の歌詞なのです。戦争を連想させるどころか、まさに戦闘中に生まれたのがアメリカ国歌なのですが、文句を言う人など誰一人いません。

私はアメリカ人ですが、もちろん「君が代」を歌えます。所属している六本木男声合唱団の一員として、毎年、恒例となっている東京マラソンのオープニングセレモニーでも、何度も歌っています。ちなみに、「君が代」には、実は三種類の曲調があるということをご存じでしょうか。

六本木男声合唱団の団長でもある作曲家の三枝成彰氏によれば、一八七〇（明治三）年にイギリス人のフェントンが作曲した初代は、日本語になじまず六年後に廃止されました。

一八八〇（明治一三）年に、宮内省式部寮雅楽課と海軍省が作曲した二代目ができますが、公認前に邪魔が入ります。

当時、文部大臣だった森有礼が、アメリカ人のメーソンに賛美歌（イギリス人ウェッベ作曲）ベースの三代目をつくらせ、文部省唱歌として推奨したのです。森は、日本の近代化を急ぐには、日本語を廃止して英語を国語にすべきと考えたことまである「西洋かぶれ」だったので、雅楽の雰囲気をもつ二代目が嫌いだったのかもしれません。一八八九（明治二二）年二月の大日本帝国憲法発布の際は、この三代目が歌われました。しかし、まさにその帝国憲法発布式典の当日に森大臣が暗殺されたことで、三代目は後ろ盾を失い、二代目が復権したのです。

現在、歌われているのはこの二代目です。「君が代」は一九〇三（明治三六）年にドイツで行われた「世界国歌コンクール」で一等を受賞するなど、美しい国歌です。また世界でいちばん短い国歌でもあります。一部の工作活動に惑わされず、わずか「三一文字」に込められた美しい調べを、みなさんはもっと誇りにするべきではないでしょうか。

中国の最高指導者はなぜ天皇に会いたがるのか

メンツを重んじる中国では、国家の最高指導者はいまも「皇帝」という格付けになるの

自らの権威づけのために天皇陛下との会見を果たした習近平副主席（2009年12月）

でしょう。中国共産党総書記で国家主席である習近平は、日本の安倍首相すら格下扱いで国際会議の席上でもあまり会おうとしませんが、天皇だけは別のようです。

二〇〇九年一二月、当時、国家副主席だった習近平は訪日の際、天皇と特例会見を行いました。特例会見とは、通常とは異なり特別な例外をもって行われた会見だったことを意味しますが、この習近平のケースはまさに二重の意味で特例でした。まず「会見」という言葉が使われること自体、異例です。「会見」は、普通、国家元首クラスに対して使われるもので、国家副主席との会談であれば「引見」と言わなければなりません。それを「会見」としたのは、暗に天皇が習近平を中国の次期指導者として認めたような印象を与えます。また、宮内庁には、外国の賓客が天皇と会見するときは陛下の健康を考慮して一カ月前までに申請しなければならないという「一カ月ルール」があったのですが、中国側はそれを無視し、当時の政権与党だった民主党に圧力をかけて強引にねじ込んだのでした。

詳しい経緯についてはここでは省きますが、なぜ習近平が天皇との会見にこだわったかといえば、もちろん、天皇を政治利用するためです。その頃、中国共産党序列六位だった習近平は権力闘争の渦中にあり、胡錦濤に続く最高指導者になるための正統性を欲していました。毛沢東のようなカリスマ性をもたない習近平にとって、世界にも認められている名誉ある天皇との会見はどうしても手に入れたい名声だったのです。

意外かもしれませんが、中国は天皇の存在をことのほか重視しています。毛沢東は、日本の要人が訪中すると、必ず「天皇陛下によろしく」とメッセージを送ったといいます。日本の首相はすぐに変わるが、天皇は変わらない。しかも、天皇はすべての国民の尊敬を集めています。だから、日本人の心を掌握するには天皇を否定的に見るのではなく、取り込んだほうが得策だということを熟知していたのでしょう。

実際に、一九七二年の日中国交正常化以来、中国の最高指導者たちは要所で日本を訪れ、天皇と会見しています。最初に天皇と会見したのは、鄧小平でした。一九七八年、副首相だった鄧小平は、改革開放のため投資を引き出そうと日本にやってきたのでした。そこで天皇陛下から、

「両国の間には非常に長い友好の歴史があり、その間には一時、不幸な出来事もありましたが、過去のこととしてこれからは長く両国の親善の歴史が進むことを期待しています」

という思いもよらないお言葉をかけられ、たいへん感動したといいます。

次の江沢民は、一九九八年、中国の国家最高指導者として初めて天皇と会見しています。ところが、国賓として招かれた宮中晩餐会に江沢民は中山服（人民服）で現れ、

「日本軍国主義は対外侵略拡張の誤った道を歩み、中国人民とアジアの他の国々の人民に大きな災難をもたらし、日本人民も深くその害を受けました」

と、陛下の前で歴史認識の問題をもちだし、反日的な言動をしたことで批判を浴びました。

胡錦濤は二度、天皇と会見しています。一度目は一九九八年の副主席のとき、そして二〇〇八年は国家最高指導者としてです。習近平は、この胡錦濤の一度目の会見を踏襲したといわれています。国家の最高指導者の後継者は前任者同様、天皇のような権威ある人物と会見して、その正統性を示さねばならない。前例を重んじる中国らしい考え方です。

こうして習近平は、権力闘争を勝ち抜き、二〇一三年に国家最高指導者になりました。日本人の知らないところで、天皇は中国の指導者争いにも政治利用されていたのです。

中国共産党の天皇工作

中国共産党は指導者争いのほかにも、天皇の権威を利用するさまざまな天皇工作を行っています。その最大のものが一九九二年の天皇訪中です。

一九八九年六月四日、胡耀邦元総書記の死をきっかけに、民主化を求めて北京の天安門に集まった学生を中心としたデモ隊を、中国人民解放軍が戦車で鎮圧。数万人ともいわれる死傷者を出す天安門事件が起こりました。事件を受けて、西側諸国は対中制裁に踏み切り、中国は世界から孤立します。その打開策として、天皇訪中が利用されたのでした。

一九九二年四月、天安門事件直後に総書記となった江沢民が来日し、天皇訪中をもちかけます。これを宮澤喜一首相が了承し、初の天皇訪中が実現しました。この訪中を機に、西側諸国によって敷かれていた対中制裁の包囲網は、徐々に解かれていったのでした。時事通信社記者の城山英巳氏の『中国共産党「天皇工作」秘録』（文春新書）によれば、当時、中国外交を統括した銭其琛元副首相は、回顧録『外交十記』のなかで、「（天皇訪中が）西側の対中制裁を打破する上で積極的な役割を発揮し、その意義は両国関係の範囲を超えたものだった」と回想しているといいます。

私は、このような中国の工作にまんまと利用されてしまう日本の対応を、非常に危惧しています。天皇を尊敬も崇拝もせず、ただ権威だけを利用しようとする中国の態度は、怪しい企業が有名人を広告塔にしようとすり寄ってくる姿と同じにしか、私には見えません。

中国の外交は万事がこの調子です。一つ参考となる合意が昨年、中国とカトリックとの間で結ばれました。二〇一八年九月、キリスト教カトリックの総本山バチカンは、司教任命権をめぐり、中国と暫定合意に達したと発表しました。これにより、中国が任命した七人の司教の正当性を認めたのです。

この合意は、「宗教とは何か」というとても重大な命題を含んでいます。中国には、昔からとても多くのカトリック教徒がいます。教会の秩序でいうなら、トップはローマ教皇であり、信者もこれに従います。しかし、中国共産党は表面上、許容する態度を示していますが、実質、宗教を認めていません。そこで、中国共産党にとって都合のいい、別のカトリック教会をつくって、本来の教会徒を弾圧しています。つまり、中国には中国共産党が司祭から何からすべてを指導する政府公認のカトリック教会と、ローマ教皇に忠誠を誓う地下教会の、二つのカトリック教会が存在しているのです。

今回、ローマ教皇は、この二つの教会で中国共産党公認の教会の司教の正当性を認めたわけで、私は合意の内容に、耳を疑いました。中国共産党が決めた司教を認めるということは、いうなれば私の所属する教会の大管長を習近平が決めるようなものです。霊感も何も受けていない、しかも神すら信じていない中国共産党が決めた人物を司教にして、はたして、これで宗教といえるのでしょうか。

これは余談になりますが、中国では集会の自由も制限されています。私の所属する教会は中国とも良好な関係を保っていて、比較的自由な活動が許されていますが、中国人の信者とほかの国籍の信者の交流は禁止されていて、集会も別々に行わなくてはいけません。たとえば、上海の教会には中国人だけの集会と、もう一つ外国人用の集会があります。共産党は人民が外国人と交流し、情報を共有することをひどく恐れているのです。

この一件でバチカンは、「ローマは地下教会の信者を見捨てるのか」と世界から猛批判を浴びました。ローマ教皇も、今回の決定は中国でカトリック教会が分裂していることを懸念したもので、今後も中国側と話し合いを続け、「（最終的には）教皇が任命する」ことをあらためて強調しなければなりませんでした。

中国の外交には常に怪しさがつきまといます。二〇一九年は六月に大阪でＧ20が開催され、習近平の訪日が予定されています。そこで新天皇との会見が組まれ、米中貿易戦争の打開を狙って二度目の訪中をごり押しすることにでもなれば、天安門事件と同じ轍《てつ》を踏むことになりかねません。「あのときは民主党だったけど、いまは安倍政権だから」といって油断はできません。自民党内にも親中勢力はいくらでもいます。

こういうピンチのときこそ、中国は天皇を利用する機会を虎視眈々と狙っています。怪しい人間には、くれぐれも近づかないことです。

南米の革命神父

今回のローマ教皇と中国共産党の接近のような宗教と政治勢力の接近が、かつて南米でも見られました。一九五〇～六〇年代頃から、南米の反政府勢力とカトリックが結びついて、「革命神父」と呼ばれる聖職者が続々と生まれていったのです。

独裁政権では、宗教は弾圧を逃れて、たいてい反政権側につきます。政権側の多くは保守ですから、結びつくのはリベラルです。つまり、宗教が社会主義のようなリベラル勢力と結びついて、宗教とともに革命思想が広まってしまうのです。これはキリスト教社会主義の一形態と見なされ、「解放の神学」とも呼ばれています。

私たちキリスト教関係者は、このような社会主義と宗教の結びつきを非常に危険だと考えていました。この政治的な動きをバチカンも危険視して認めていませんでした。なぜなら、社会主義の終着点というのは、どうしても共産主義に行き着くわけです。その共産主義は神の存在を認めず、宗教を否定しているのですから、これはもう矛盾しているのです。

彼らは「イエス・キリストの教えで隣人を愛しなさい」とか「みんな助け合うという精神は社会主義のほうがふさわしい」ともっともらしいことを言って社会主義を推薦し、勢力を広めていくのですが、最初から矛盾を抱えており、行き着く先には崩壊があるだけです。

こういう現象はフィリピンのマルコス政権でも見られました。一九六五年から二〇年にわたり開発独裁といわれる独特の独裁政治を続けていたマルコス大統領は、カトリック教会とも良好な関係を保っていました。しかし、八三年のベニグノ＝アキノ暗殺事件を機に教会の支持を失い、八六年二月、ピープルパワー革命と呼ばれる民主化が実現して、ハワイに亡命するという結末を迎えています。

南米で政治活動に走った革命神父たちがその後どうなったかといえば、いまではまったく信用されなくなり、信者はどんどんほかの宗派に流れ、カトリック教会の力が非常に弱くなってしまいました。

中国のカトリックがこの先どういう結末を迎えるのか、今後も注目していきたいと思います。

教育勅語の何が悪いのか

国会で長らく議論が続いたモリカケ騒動ですが、この問題が二〇一七年に報道され始めた当初、発端となった籠池泰典氏が園長を務める塚本幼稚園で、「教育勅語が園児の教育に使われている」と、教育勅語が問題視されることがありました。朝礼で毎朝、教育勅語を暗唱する園児たちの姿がテレビで連日のように映し出され、塚本幼稚園はあたかも軍国主義を率先して教育する機関であるかのように報道されました。

たしかに、園児たちが大声で教育勅語を復唱するその映像は、少し奇妙な印象を与えるものでしたが、それよりも私が気になったのは、テレビに登場する野党議員やコメンテーターたちがみな一様に、「教育勅語は悪いものである」という前提のもとにコメントし、内容についてはまったくふれようとしなかったことです。彼らの論理では、教育勅語は国民に天皇崇拝を強要するもので、軍国主義の経典か何かのように考えているのでしょう。だから、教育勅語はそれを朗読するだけでも「悪」なのです。

しかし、教育勅語を朗読しただけで国が軍国主義になるなんて、いったいいつから日本人は迷信を信じるようになったのでしょうか。そのような三段論法は、左翼がよくやる論理の飛躍とレッテル貼りにすぎません。普段、自分の脳味噌で何も考えていない人は、簡単に騙されてしまうわけです。

では、教育勅語のどこが問題なのか、あらためて見ていくことにします。教育勅語は一八九〇（明治二三）年一〇月に発布されました。正式には「教育ニ関スル勅語」といい、明治天皇が山縣有朋内閣総理大臣と芳川顕正文部大臣に対して与えた勅語、という体裁をとっています。勅語とは、天皇が自ら臣民に対して発せられる意思表示のことです。

教育勅語には、人が生きていくうえで心がけるべき一二の徳目が簡潔に述べられています。

孝行　　親に孝養をつくしましょう

友愛　兄弟・姉妹は仲良くしましょう
夫婦ノ和　夫婦はいつも仲むつまじくしましょう
朋友ノ信　友だちはお互いに信じあって付き合いましょう
謙遜　自分の言動をつつしみましょう
博愛　広く全ての人に愛の手をさしのべましょう
修学習業　勉学に励み職業を身につけましょう
智能啓発　知識を養い才能を伸ばしましょう
徳器成就　人格の向上につとめましょう
公益世務　広く世の人々や社会のためになる仕事に励みましょう
遵法　法律や規則を守り社会の秩序に従いましょう
義勇　正しい勇気をもって国のため真心を尽くしましょう

（明治神宮ホームページより「教育勅語の十二の徳目」）

文明開化で洋学が重んじられる風潮のなか、伝統を受け継いでいこうという目的でつくられた教育勅語には、日本の倫理道徳がしっかりと表されています。ここで問題とされるのが、一二番目の徳目である「義勇」です。原文ではこのようになります。

「一旦緩急アレバ義勇公ニ奉ジ、以テ天壌無窮ノ皇運ヲ扶翼スベシ」

〈口語訳〉

「非常事態が発生した場合は、真心を捧げて公のために奉仕し、永遠に続く皇室を助けるようにしなさい」

国家が危険にさらされたとき、国のために奉仕せよという項目ですが、それのどこが問題なのでしょうか。

私は、国家というのは運命共同体であり、一つの船にたとえることができると思います。大波に襲われ、船が航行の危機に瀕しているとき、あなたならどうするか。シーマンシップをもった船乗りなら、おそらく身を犠牲にしてでも船と乗員を守ろうとすることでしょう。それは国家に対しても同じことで、公のために献身するのは世界の常識です。これを軍国主義というなら、アメリカもEU各国も中国も、世界中のすべての国は軍国主義ということになってしまいます。

いや、問題はそこではなく「皇室のために」というところなのだと、左翼は言うのかもしれません。しかし、それは皇室というものをいまだに誤解していると言わざるをえません。この本でも繰り返し述べていますが、天皇および皇室は、日本を支配する特権階級などではなく、日本の歴史をかたちづくってきたもの、いわば日本そのものです。つまり、一二番目の徳目を素直に読むなら、「危機には日本のために奉仕しなさい」と言っているのにすぎないのです。そこを読み違えると、どうしてもあらぬ方向へ行ってしまいます。

左翼の言い分を聞いていると、教育勅語をちゃんと読んでいるのか疑問です。それどころか、読んだ経験があるのかすら疑わしく思えてきます。天皇というだけで、それを軍国主義にこじつけて世論誘導に使うワンパターンはそろそろやめていただきたいものです。

一つ、おもしろい話をつけ加えておきましょう。教育勅語は発布以来、各学年の修身の教科書の最初のページに掲載されていましたが、敗戦後、GHQの教育改革により廃止されました。ところが、この教育勅語の精神というべきものが一九九〇年代、アメリカで蘇ります。「The Book of Virtues」という全八〇〇ページ以上にもなる分厚い道徳読本が、三〇〇〇万部を超える大ベストセラーになったのです。作者は元文部長官のウィリアム・

ジョン・ベネット。レーガン政権時代の道徳教育の担当者で、暴力や麻薬の蔓延で荒廃した学校を立て直すため、アメリカの道徳教育改革に日本の教育勅語や修身の教科書をたいへん参考にしたといわれています。本の内容は、「思いやり」「勤勉」「正直」など、私たちが身につけるべき一〇の徳目が寓話や説話で学べる構成になっていて、そこには教育勅語の精神がいかんなく発揮されています。日本に教育勅語を廃止させた当該国のアメリカで、その精神が復活するとはなんとも皮肉な話です。

ところで、教育勅語を取り入れた教育で大バッシングを受けた籠池氏ですが、その後、塚本幼稚園のホームページで天皇陛下が同園を訪問されたという事実と異なることを掲載していたことが発覚し、当初は幼稚園を擁護していた保守層からも完全に信用を失ってしまいました。その後の籠池氏の変節ぶりは、みなさんご存じのとおりです。こちらは自業自得といったところでしょうか。

第6章

国民とともにある「これからの天皇」

ご譲位について思うこと

さて、ここまで「天皇とはどういう存在か」を、さまざまな角度から検証してきましたが、二〇一九年四月三〇日に控えたご譲位についてもひと言ふれておきたいと思います。二〇一六年八月八日、今上陛下はビデオメッセージというかたちで、「象徴としてのお務めについての天皇陛下のおことば」を述べられました（本章末に全文を掲載していますので、ご参照下さい）。

この「おことば」をめぐって、世間では賛成の意見から、「譲位ではなく、摂政を置くべき」や「譲位は憲法違反」「譲位によって皇室という制度が揺らいでしまう」といった反対意見まで、賛否両論が巻き起こりました。天皇の公務の負担軽減などを議論する有識者会議でも、容認と否定が拮抗するなど議論が白熱し、日本にとって天皇がいかに重要な存在なのか、また、陛下がいかに難しいお立場にあられるかということを、あらためて認識させられました。

私は陛下の「おことば」から、二つのことを感じとることができると思います。一つは、高齢による体力の衰えから「象徴としての務め」に支障が出ることをたいへん心配されているということです。二度の外科手術を経験し、八五歳となられたいま、務めを果たすうえで肉体的な限界を感じておられるのだと思います。

では、「象徴としての務め」とは何かということですが、これについて陛下は「おことば」のなかで、国民の安寧を祈ることを第一とし、国事行為、離島を含め全国を旅してまわること、さらには被災地などをめぐって国民の声に耳を傾けることなど、多岐にわたって言及されています。これらはすべて「象徴としての務め」として一つも欠くことのできない大事なものであって、高齢を理由に縮小するのは「無理がある」というのです。高齢化はいまの日本社会にも深刻な問題を投げかけていますが、皇室にとっても大きな問題なのです。

この点について、私は、ご譲位はやむをえないと考えます。この問題を、組織に置き換えてみてください。たとえば、大きな組織のトップが高齢になっても引退できないとすれば、その組織は安定するでしょうか。仮に決定権をもつ人間が病気で何年も姿を見せないという事態にでもなれば、不安定化は避けられないでしょう。

そして、日本がそのような機能不全に陥った場合、これが「おことば」のもう一つのポイントになるのですが、社会が低迷し、国民に深刻な影響を与えることを陛下はとても心配されているのです。

これは私にも記憶があります。昭和天皇の健康が悪化した一九八八年の秋以降、社会を自粛ムードが覆い、経済は低迷し、全国の自治体では祭りが中止され、サラリーマンたちは忘年会や新年会でさえ飲みにいくのを控えるようになりました。こういう事態をどうにか避けることはできないかと心を痛められた結果が、今回の「おことば」であり、陛下が国民に伝えたかったことだと思います。

二つのポイントを並べてみると、陛下はすべて国民生活の安寧を願って「おことば」を出されたのだということがひしひしと伝わってきます。であるなら、すぐに譲位を認めたらいいではないかと思うのですが、皇室典範の存在が問題を複雑化します。現行の皇室典範には、皇位継承の規定はあっても、譲位については何も定められていないのです。

さらに、憲法の問題もあります。押しつけ憲法とはいえ、日本は欧米型の民主憲法に変えたわけですから、主権は国民にあります。すると、譲位というのが国民の意向であるのかどうかを考えなくてはならない。あるいは、天皇というインスティテューション（制度）を国民が選択している前提だから、譲位についても国民は納得していると推測していいのかどうか。

高齢化という避けられない現実が目の前にあり、しかも現行の法ではどう対処することもできない。この現実と法との著しい乖離《かいり》を、陛下は「おことば」というかたちで表現されたのではないでしょうか。伝統を守りたい、そのためにこれまで続いた制度を変えたくないという気持ちもよくわかるのですが、皇室典範がいまのものに改正されたのは、GHQ占領下の一九四七年です。当時は高齢化の問題など考えつくこともできませんでした。法が時代にそぐわなくなったのですから、この際、体に合うように仕立て直すべきでしょう。法とは、「変える弊害」と「変えない弊害」を冷静に比較衡量すべき対象です。「絶対に変えてはならない」という前提の人は、法制度を語る資格がありません。

女性天皇と女系天皇

譲位に関する論議は、はからずも皇位継承問題を再燃させることになりました。

皇室典範第一条には、「皇位は、皇統に属する男系の男子が、これを継承する」とあり、現状では女性は皇位を継承することはできません。しかし、小泉純一郎内閣のとき、にわかに皇位継承問題への関心が高まりを見せます。一九六五年の秋篠宮文仁親王誕生以来、約四〇年間にわたって男子の出生がなく、このままでは皇位継承者がいなくなる可能性があったからです。二〇〇四年に小泉首相（当時）の私的諮問機関である「皇室典範に関する有識者会議」が設置され、女性天皇および女系天皇について容認する報告がなされるとともに一時は皇室典範改正へと傾きましたが、二〇〇六年、秋篠宮家に悠仁親王が誕生したことにより、その後は立ち消えになっていました。とはいえ、後継者の不足が解消されたわけではなく、今回の譲位を機に、再び世論の関心が高まったのです。

皇位継承問題は、女性天皇および女系天皇の問題と置き換えることができます。女性天皇とは男系祖先に天皇をもつ女性の天皇のことで、推古天皇をはじめ、皇極天皇、持統天皇など、過去に八人一〇代の女性天皇が存在しました。これに対し、女系天皇は性別にかかわらず、母系に皇統の先祖をもつ天皇で、過去に一人も存在しません。皇室はこれまで一二五代の天皇すべてが万世一系の男系で継承されており、男系を辿るとみな初代神武天皇へ行き着きます。つまり、女系天皇を認めるということは、それまでの伝統が崩れるということにもなるのですが、皇祖神の天照大御神は女神ですから、むしろ神話へと回帰することだと見ることもできるのです。

この問題を世論はどう見ているのでしょうか。二〇一七年五月に行われた「共同通信」による世論調査では、女性天皇に賛成が86％、反対は12％で、女系天皇に賛成は62％、反対は36％でした。また同時期に行われた「毎日新聞」の調査では、女性が天皇になることに賛成が68％、反対が12％で、女性、女系ともに容認が優勢のようです。

私はこの問題は日本人自身が決めるべきだと思いますし、どのような選択になろうと、それが新しく歴史として刻まれていくのだと思います。ただ、女性、女系容認の理由に、男女差別をあげる声が多くあることには少し違和感を覚えています。

皇統の歴史は約二七〇〇年の長きにわたって連綿と紡がれてきたものです。その万世一系の伝統を、男女差別という現代の価値観で否定するのは、少々驕った見方ではないでしょうか。女性が天皇になれないのを男女差別というなら、ローマ教皇はどうなるのでしょう。カトリック教会は、イエスが意図的に男性のみを弟子に選んだとして、女性が司祭になることを明確に禁止しています。これも男女差別になるのでしょうか。

伝統にはそれぞれ何かしら理由があるものです。それでも納得できない人は、一度、ヨーロッパの王族の歴史を見直してみてください。中世以来、神聖ローマ皇帝の帝位を継承してきたハプスブルク家は、婚姻外交で娘を各国の王族へ送り出すことで実権を握り、フランス東部、スペインと、次々に支配地を拡大していきました。要するに、女系で乗っ取っていったわけです。日本でも、藤原氏が外戚として実権を握る時代がありましたが、最終的には万世一系の壁に阻まれています。男系を堅持するという伝統が外敵を排除し、ある意味、現在の皇室を守ってきた側面があるのです。

そもそも、皇統継承の資格者を安定確保することが目的であるなら、女性天皇、女系天皇にこだわるより、皇族の範囲を拡大して人数を増やすことが先決でしょう。一九四六年五月、GHQは「皇族の財産上その他の特権廃止に関する指令」を出し、翌年一〇月、新憲法公布後に改正された皇室典範に基づいて、皇籍を離脱させられた宮家が一一もあるのです。

GHQが宮家を廃止した理由がどこにあったのか。たんにアメリカ型の民主主義を移植するために貴族階級を禁止したのか、あるいは皇室の弱体化や自然消滅を狙ったものだったのか、いまとなってはわかりません。しかし、明治天皇の代まで遡れば、皇位継承資格者はぐんと増えるのです。旧宮家の皇籍復帰には、皇室典範にその旨を一文添えるだけでいいという意見もあります。ほかにもヨーロッパの貴族たちの間で日常行われたように、皇統の血を引く男子を養子にとることや、女性皇族との結婚なども選択肢に入れてみたらどうでしょうか。

とにかく、広い視野に立ってあらゆる可能性をテーブルにのせてみることです。そして、これは「リスク管理」の問題ですから、最悪の事態を想定し、いまから考えるべきことです。日本人は「問題の先送り」が得意ですから、いまのままでは悠仁親王に男子ができないときに、初めて大慌てになるでしょう。「そんな先の話」と思われるかもしれませんが、五〇年以内に起きる可能性のある問題です。日本のみなさんが最良の選択をされることを期待します。

変わりゆくイギリス王室

伝統を守ろうとする皇室とは対照的に、イギリス王室は古い慣習に縛られず、新しく変わり始めています。

二〇一八年五月、故ダイアナ妃の次男ヘンリー王子とアメリカ人女優メーガン・マークルの結婚式がウィンザー城で行われました。メーガンは離婚歴があることもさることながら、黒人の血をひくことで世界から注目されました。彼女の母は黒人で、先祖はアメリカ南部のプランテーションで働く奴隷だったといわれています。保守的なイギリスのロイヤル・ファミリーに、ついに初めて黒人の血が流れることになったのです（一説には、ジョージ三世の妻、シャーロット王妃がすでに黒人の血をひいていたともいわれています）。

アメリカ人との結婚は、一九三七年にウォリス・シンプソンと結婚したエドワード八世以来で、夫人に離婚歴があるのも同じでした。ただ一つヘンリー王子と違うところは、当時、イギリス国教会は離婚を認めておらず、ウォリスとの結婚を許可しなかったことです。そのため、エドワード八世は自ら国王の座を退位し、夫人との結婚を選んだのでした。これは「王冠を賭けた恋」と呼ばれ、歌手・女優のマドンナ自らがメガホンをとった二作目の監督作品「ウォリスとエドワード　英国王冠をかけた恋」（二〇一一年）として映画化されています。

現在なら、エドワード八世は退位する必要などなかったでしょう。このような王室の目覚ましい変化を、多くのイギリス国民は歓迎しているようです。もともとイギリス王室は、守旧的で差別的といわれてきました。王族の結婚は貴族階級との間でなければ認められず、一般市民がロイヤル・ファミリー入りするなど考えられなかったのです。

その旧習を初めて破ったのが、故ダイアナ妃の長男ウィリアム王子でした。二〇一一年に結婚したお相手のキャサリン妃は、母が元客室乗務員、父は英国航空を退社後にパーティグッズの通販会社を経営した中流階級の出身ですが、母方の先祖が何代にもわたって炭鉱夫だったり、運送業や工場労働者だったりしたことから、初の労働者階級出身の王妃といわれました。また、大学で教育を受けた王妃もキャサリン妃が初めてで、ウィリアム王子自身、市井で教育を受けた初めての王子でした。もちろん、恋愛結婚というのも初めてで、何から何まで初めてづくしのロイヤル・ウェディングでした。

こうしたイギリス王室の変化には、価値観の移り変わりが影響しているといわれています。二〇一三年、イギリス王室は「王位継承法」を、なんと三〇〇年ぶりに改正しました。時代に合ったふさわしいかたちに修正するためです。おもな修正点は以下のようなものです。これまで王位継承順位は男子が優先でしたが、男女平等の価値観を取り入れて、性別にかかわらず生まれた順番になりました。宗教的制限も緩和され、カトリック教徒との結婚による王位継承資格の喪失を廃止。さらに国王による結婚承認も、王位継承順位の上位六人以外は必要なくなりました。黒人のルーツをもつマークル妃が誕生したのも、移民を多く受け入れてきたイギリスのダイバーシティ（多様性）の現れだといわれています。

時代の流れとともに、身分差別の禁止、男女平等、自由、ダイバーシティという価値観を受け入れ、「王位継承法」まで改正したイギリス王室。もっとも、身分差別という点では、皇室はイギリス王室よりはるか昔、一九五九年に民間出身の美智子妃を受け入れています。皇室は、「国民を映す鏡」ともいわれます。日本社会の変化とともに、これからの皇室は、どのようなかたちになっていくのでしょうか。

践祚と改元——元号が使われることの意味

ご譲位の翌日、五月一日には「剣璽《けんじ》等承継の儀」を経て、天皇践祚《せんそ》と共に元号が改められます。新元号は四月一日に閣議決定し、即日公表されることになります。二〇一九年一月一日付の「産経新聞」の報道によれば、当初は、財界などが天皇陛下ご在位三〇年の「お祝いと感謝の集い」を四月一〇日に開くことから、翌一一日に新元号を公表する方向で政府は検討を進めてきましたが、それでは米マイクロソフト社の「ウインドウズ」の更新が間に合わず、企業の決算作業や年金給付に支障をきたす恐れがあるため、一日に前倒しになったといいます。

元号は、私たち日本に住む外国人にとってはたいへん頭の痛いものです。免許証や外国人登録証など、政府への申請書類には、必ず元号が用いられます。そのたびに、「えっと、何年だっけ?」と西暦を元号に置き換えなければなりません。自分の誕生日くらいならまだいいのですが、昔の文献などでは「明治○年」「大正○年」と元号で表記されるのが当たり前で、さらに時代が遡って江戸、鎌倉時代のなじみのない元号になると、もう西暦に変換することもできない、まさにお手上げの状態です。逆に、日本人でも元号を西暦に直すのに四苦八苦している人の姿を、たまに見かけます。「これだけ西暦が普及しているのだから、もう元号なんてやめてしまえばいいのに」などと思った時期もありましたが、いまでは軽はずみな考えだったと反省しています。

日本で広く使われている元号ですが、なぜ西暦ではなく元号が使われているのかといえば、日本では一八七二（明治五）年に布告された「改暦ノ布告」で新しい暦として太陽暦が導入されたとき、同時に紀年法として神武天皇即位を紀元とすることが定められ、また一九七九年に「元号法」が制定されていることが根拠になるでしょう。つまり、西暦は日本においてはなんの法的根拠もなく、それゆえ、戸籍や婚姻、出生、死亡といった公的書類において元号が使われているわけです。

もっとも、戦後初期には、日本の議会においても元号廃止論が提起されたことがありました。一九五〇年、日本の国立アカデミーであり、内閣府の特別の機関の一つである日本学術会議は、内閣総理大臣、衆参両院議長に対して、「元号廃止、西暦採用について」という申し入れを行っています。それによれば、「元号は不合理」で「なんら科学的意味がなく」「天皇主権の一つのあらわれであり、天皇統治を端的にあらわしたもの」であるから、「民主国家の観念にもふさわしくない」とされたのです。戦後、国民主権となった日本で、天皇と元号のあり方が問われたのでした。

日本で初めて元号がつくられたのは、六四五年、皇極天皇の治世における「大化」です。それまでは干支（庚申や丙午など十干十二支の組み合わせ）によるか、あるいは中国の元号を使っていました。もともと元号は中国でつくられたもので、冊封体制にある国々では中国の元号を半ば強制的に使わされていたのです。これに遠慮してか、日本でも「大化」はすぐには普及せず、実際に広く使われるようになったのは、七〇一年の「大宝」からで、大宝律令に元号の使用が明文化されてからのことです。

このことは、日本が律令制のもと、天皇を中心とする一つの共同体として初めて統合されたことを意味します。同時に、中国に対して、日本が独立国であると明確に宣言したことにもなり、元号はいわば国家統合と独立の象徴のようなものなのです。

どうです、こう聞くと、元号をもう面倒だなどとは思わなくなるのではないでしょうか。もう一つ、私は元号でいいなと思うことがあります。それは元号によって、一つの時代を、強く思い起こさせてくれるということです。アメリカでは、時代を振り返るとき、たとえば「ローリング・トゥエンティーズ（狂乱の二〇年代）」というように、一〇年単位で見ることが多いのですが、次の一〇年になったからといって、なにか時代が変わったというような感覚はありません。しかし、「昭和」と言われると、その時代の記憶が蘇り、ノスタルジーを強く感じます。

前回の改元のときは、私の関心が薄かったせいもあり、残念ながらほとんど記憶に残っていません。しかし、二〇一九年は、「平成」という一つの時代の終焉を噛みしめながら、新しい時代の到来に立ち会ってみたいと思います。

〈付録〉

象徴としてのお務めについての天皇陛下のおことば（平成28年8月8日）

戦後70年という大きな節目を過ぎ、2年後には、平成30年を迎えます。

私も80を越え、体力の面などから様々な制約を覚えることもあり、ここ数年、天皇としての自らの歩みを振り返るとともに、この先の自分の在り方や務めにつき、思いを致すようになりました。

本日は、社会の高齢化が進む中、天皇もまた高齢となった場合、どのような在り方が望ましいか、天皇という立場上、現行の皇室制度に具体的に触れることは控えながら、私が個人として、これまでに考えて来たことを話したいと思います。


即位以来、私は国事行為を行うと共に、日本国憲法下で象徴と位置づけられた天皇の望ましい在り方を、日々模索しつつ過ごして来ました。伝統の継承者として、これを守り続ける責任に深く思いを致し、更に日々新たになる日本と世界の中にあって、日本の皇室が、いかに伝統を現代に生かし、いきいきとして社会に内在し、人々の期待に応えていくかを考えつつ、今日に至っています。

そのような中、何年か前のことになりますが、2度の外科手術を受け、加えて高齢による体力の低下を覚えるようになった頃から、これから先、従来のように重い務めを果たすことが困難になった場合、どのように身を処していくことが、国にとり、国民にとり、また、私のあとを歩む皇族にとり良いことであるかにつき、考えるようになりました。既に80を越え、幸いに健康であるとは申せ、次第に進む身体の衰えを考慮する時、これまでのように、全身全霊をもって象徴の務めを果たしていくことが、難しくなるのではないかと案じています。

私が天皇の位についてから、ほぼ28年、この間《かん》私は、我が国における多くの喜びの時、また悲しみの時を、人々と共に過ごして来ました。私はこれまで天皇の務めとして、何よりもまず国民の安寧と幸せを祈ることを大切に考えて来ましたが、同時に事にあたっては、時として人々の傍らに立ち、その声に耳を傾け、思いに寄り添うことも大切なことと考えて来ました。天皇が象徴であると共に、国民統合の象徴としての役割を果たすためには、天皇が国民に、天皇という象徴の立場への理解を求めると共に、天皇もまた、自らのありように深く心し、国民に対する理解を深め、常に国民と共にある自覚を自らの内に育てる必要を感じて来ました。こうした意味において、日本の各地、とりわけ遠隔の地や島々への旅も、私は天皇の象徴的行為として、大切なものと感じて来ました。皇太子の時代も含め、これまで私が皇后と共に行《おこな》って来たほぼ全国に及ぶ旅は、国内のどこにおいても、その地域を愛し、その共同体を地道に支える市井《しせい》の人々のあることを私に認識させ、私がこの認識をもって、天皇として大切な、国民を思い、国民のために祈るという務めを、人々への深い信頼と敬愛をもってなし得たことは、幸せなことでした。

天皇の高齢化に伴う対処の仕方が、国事行為や、その象徴としての行為を限りなく縮小していくことには、無理があろうと思われます。また、天皇が未成年であったり、重病などによりその機能を果たし得なくなった場合には、天皇の行為を代行する摂政を置くことも考えられます。しかし、この場合も、天皇が十分にその立場に求められる務めを果たせぬまま、生涯の終わりに至るまで天皇であり続けることに変わりはありません。

天皇が健康を損ない、深刻な状態に立ち至った場合、これまでにも見られたように、社会が停滞し、国民の暮らしにも様々な影響が及ぶことが懸念されます。更にこれまでの皇室のしきたりとして、天皇の終焉に当たっては、重い殯《もがり》の行事が連日ほぼ2ヶ月にわたって続き、その後喪儀《そうぎ》に関連する行事が、1年間続きます。その様々な行事と、新時代に関わる諸行事が同時に進行することから、行事に関わる人々、とりわけ残される家族は、非常に厳しい状況下に置かれざるを得ません。こうした事態を避けることは出来ないものだろうかとの思いが、胸に去来することもあります。

始めにも述べましたように、憲法の下《もと》、天皇は国政に関する権能を有しません。そうした中で、このたび我が国の長い天皇の歴史を改めて振り返りつつ、これからも皇室がどのような時にも国民と共にあり、相たずさえてこの国の未来を築いていけるよう、そして象徴天皇の務めが常に途切れることなく、安定的に続いていくことをひとえに念じ、ここに私の気持ちをお話しいたしました。

国民の理解を得られることを、切に願っています。

〈英文〉

Message from His Majesty The Emperor (August 8, 2016)

A major milestone year marking the 70th anniversary of the end of World War II has passed, and in two years we will be welcoming the 30th year of Heisei.

As I am now more than 80 years old and there are times when I feel various constraints such as in my physical fitness, in the last few years I have started to reflect on my years as the Emperor, and contemplate on my role and my duties as the Emperor in the days to come.

As we are in the midst of a rapidly aging society, I would like to talk to you today about what would be a desirable role of the Emperor in a time when the Emperor, too, becomes advanced in age. While, being in the position of the Emperor, I must refrain from making any specific comments on the existing Imperial system, I would like to tell you what I, as an individual, have been thinking about.

Ever since my accession to the throne, I have carried out the acts of the Emperor in matters of state, and at the same time I have spent my days searching for and contemplating on what is the desirable role of the Emperor, who is designated to be the symbol of the State by the Constitution of Japan. As one who has inherited a long tradition, I have always felt a deep sense of responsibility to protect this tradition. At the same time, in a nation and in a world which are constantly changing, I have continued to think to this day about how the Japanese Imperial Family can put its traditions to good use in the present age and be an active and inherent part of society, responding to the expectations of the people.

It was some years ago, after my two surgeries that I began to feel a decline in my fitness level because of my advancing age, and I started to think about the pending future, how I should conduct myself should it become difficult for me to carry out my heavy duties in the way I have been doing, and what would be best for the country, for the people, and also for the Imperial Family members who will follow after me. I am already 80 years old, and fortunately I am now in good health. However, when I consider that my fitness level is gradually declining, I am worried that it may become difficult for me to carry out my duties as the symbol of the State with my whole being as I have done until now.

I ascended to the throne approximately 28 years ago, and during these years, I have spent my days together with the people of Japan, sharing much of the joys as well as the sorrows that have happened in our country. I have considered that the first and foremost duty of the Emperor is to pray for peace and happiness of all the people. At the same time, I also believe that in some cases it is essential to stand by the people, listen to their voices, and be close to them in their thoughts. In order to carry out the duties of the Emperor as the symbol of the State and as a symbol of the unity of the people, the Emperor needs to seek from the people their understanding on the role of the symbol of the State. I think that likewise, there is need for the Emperor to have a deep awareness of his own role as the Emperor, deep understanding of the people, and willingness to nurture within himself the awareness of being with the people. In this regard, I have felt that my travels to various places throughout Japan, in particular, to remote places and islands, are important acts of the Emperor as the symbol of the State and I have carried them out in that spirit. In my travels throughout the country, which I have made together with the Empress, including the time when I was Crown Prince, I was made aware that wherever I went there were thousands of citizens who love their local community and with quiet dedication continue to support their community. With this awareness I was able to carry out the most important duties of the Emperor, to always think of the people and pray for the people, with deep respect and love for the people. That, I feel, has been a great blessing.

In coping with the aging of the Emperor, I think it is not possible to continue reducing perpetually the Emperor's acts in matters of state and his duties as the symbol of the State. A Regency may be established to act in the place of the Emperor when the Emperor cannot fulfill his duties for reasons such as he is not yet of age or he is seriously ill. Even in such cases, however, it does not change the fact that the Emperor continues to be the Emperor till the end of his life, even though he is unable to fully carry out his duties as the Emperor.

When the Emperor has ill health and his condition becomes serious, I am concerned that, as we have seen in the past, society comes to a standstill and people's lives are impacted in various ways. The practice in the Imperial Family has been that the death of the Emperor called for events of heavy mourning, continuing every day for two months, followed by funeral events which continue for one year. These various events occur simultaneously with events related to the new era, placing a very heavy strain on those involved in the events, in particular, the family left behind. It occurs to me from time to time to wonder whether it is possible to prevent such a situation.

As I said in the beginning, under the Constitution, the Emperor does not have powers related to government. Even under such circumstances, it is my hope that by thoroughly reflecting on our country's long history of emperors, the Imperial Family can continue to be with the people at all times and can work together with the people to build the future of our country, and that the duties of the Emperor as the symbol of the State can continue steadily without a break. With this earnest wish, I have decided to make my thoughts known.

I sincerely hope for your understanding.

（宮内庁ホームページより）

終章

日本は天皇を中心とする運命共同体

天皇は一三〇〇年以上にわたり「国民統合の象徴」

大日本帝国憲法第四条で「元首」と規定された天皇は、戦後、日本国憲法第一条で「日本国の象徴」であり「日本国民統合の象徴」であると定義し直されました。「元首」から「象徴」になったことで、なにか天皇の権威が薄れてしまったように感じる人が多いようですが、決してそんなことはありません。第4章でも議論したように、天皇が実質的に、日本の元首であることは疑いようのないことです。

また、漫画家の小林よしのり氏によれば、「世界中の君主国の憲法で、君主の規定が冒頭にあるものは他に例がない」(『ゴーマニズム宣言SPECIAL 天皇論』小学館文庫)ということで、依然、日本にとって天皇が最重要事項ということには変わりがありません。

そもそも、七世紀に大化の改新で天皇を中心とする律令国家が成立して以来、一三〇〇年以上にわたって天皇は「国民統合の象徴」として存在しつづけているわけです。日本国憲法が制定されるはるか以前から、そのあり方になんら変わりはないのです。天皇の存在を希薄にしている要素があるとすれば、むしろ国民のほうにあるのではないかという気がしてなりません。

私が所属する六本木男声合唱団で演奏する楽曲のなかに、「最後の手紙」という曲目があります。これは戦争で亡くなった各国の人々が最後に書いた手紙を歌うもので、一三人の手紙をそれぞれ一曲にして、全一三曲で構成されています。日本人の手紙も含まれており、ルソン島で戦没した桔梗五郎が妻へ宛てた手紙が二曲目。一二曲目は終戦後、軍事裁判にかけられフィリピンで銃殺刑となった片山日出雄が、家族に宛てた手紙を歌っています。

その一三曲のなかに、フランス人の青年が書いた手紙があります。彼はレジスタンス運動に参加し、捕虜となってわずか一六歳の若さで処刑されました。その死の直前に書いた最後の手紙で、彼はこう綴っています。「私はフランスのために死ぬのだ」と。

弱冠一六歳の青年がなぜそのような手紙を書いたのかを考えたとき、ベースに祖国を思う気持ち、愛国心が潜んでいるのを強く感じます。どうして国のために死のうと考えたのか。それは彼が家族を愛し、郷土を愛し、平和な祖国を夢見ていたからでしょう。政治的な方向性はともかく、祖国をなんとかしなければならないという、いてもたってもいられぬ気持ちが、彼を行動へと突き動かしたのです。

それは、日本人も同じでした。大東亜戦争で、日本人が自らの命を投げ出して戦ったのは、まぎれもなく「国を守るため」でした。ただ、日本の場合、「国」と「天皇」の存在があまりにも近すぎて、誤解を招いてしまいました。「天皇陛下のために」という標語のもとに命をかけて戦う姿が、あたかも日本人は天皇を教祖とするカルト集団であるかのような印象を欧米列強に与えました。私もアメリカのためなら喜んで身を投げ出す覚悟ですが、トランプ大統領のために死にたいとは思いません。

そのような発言をすると、「日本人が戦ったのは国に洗脳されていたからで、ケントは戦争を美化しているにすぎない」とリベラル派は言うかもしれません。たしかに、戦時中は国威発揚のため情報統制をするなど、国家による洗脳という一面があったのも事実です。とはいえ、それはどこの国にもいえることで、日本が戦争に負けたから、マイナス面をことさらに強調されているだけです。アメリカだって同じです。

アメリカ政府も戦争に勝利するため、世論に日本憎悪の感情を植えつけました。そのため、日本人は野蛮人だから殺してもいい存在なのだと、当時のアメリカ国民の大半がそう思っていました。そういう考えがあったからこそ、カーチス・ルメイは銃後を守る無辜《むこ》の市民も攻撃対象として東京大空襲を仕掛け、その後も躊躇なく日本を焦土化できたわけです。広島と長崎への原爆投下も含めて、非戦闘員の大量殺害は間違いなく戦時国際法違反ですから、もしアメリカが敗戦国になっていたら、戦争犯罪として確実に処罰される出来事でした。

一方、国家を運命共同体と捉えた場合、国のために命を投げ出すことは洗脳されているどころか、国民として至極当然の行為ではないでしょうか。国家に所属している以上、国民は国からなにがしかの恩恵を受けています。国があるからこそ、私たちは自由を享受できるのです。その存続が脅かされたとき、国を守るのは当たり前のことです。国がなくなってしまえば、自分たちの存在すらどうなるかわからないのですから。

リベラルには、そういう意識がなさすぎます。民主主義国家で重視される「自由」とは、「自分さえ良ければいい」という意味ではありません。運命共同体である国家を守ろうとせず、国益を否定し、天皇を否定する。さらに宗教や信仰にも否定的な気持ちがあったとしたら、心の拠りどころが何もありません。

不安で後ろめたいから、何かにすがろうとする。その心の隙間に、「憲法第九条があるから日本は平和」という偽善的な迷信が入り込みました。この迷信を宗教のように崇めることで、もともと善良で平和を愛する日本人の多くが、自分でも気がつかない間に「九条真理教」の信者となり、偽りの心の平安を得たのです。

これはGHQの計画通りの結果ですが、戦後にアメリカとソ連（当時）との対立が深まって冷戦が始まり、終戦から五年もたたない一九五〇年六月、朝鮮戦争が開戦します。日本を弱体化させる計画自体が間違いだったのだと、ついにマッカーサー元帥も気づいて、共産主義を排除する「逆コース」が本格化したのです。

現在は、日本が「普通の国」になり、防衛力と国際的影響力を高めると困る中華人民共和国、北朝鮮、韓国と、そのシンパたちが、九条真理教の迷信を利用しています。

九条教の心の拠りどころを天皇に置き換えよ

驚くべきことに、この九条真理教は、いまも多くの日本人の間で信じられています。彼らは戦後の日本が平和だったのは憲法第九条のおかげだと固く信じています。本来なら、日本を守っている根源は、国家という運命共同体の中心にいる天皇の存在であり、現実問題としては、日米安保条約、自衛隊、在日米軍だと答えるべきところです。ところが彼らの脳内では、それが憲法第九条に変換されてしまうのです。目の前にある現実を完全に無視するのですから、こちらのほうが「洗脳されている」と呼ぶのにふさわしい状態です。

これには日本の教育界のおかしさが大きく関係しています。私は中学生の子供をもつ友人何人かに、天皇について学校でどう教えているかを聞いてみたことがありますが、返答に呆れてしまいました。

学校では天皇が「国の象徴」であるということは教えても、それ以外のことはいっさい教えていないというのです。子供たちは、卑弥呼の名前は知っていても、日本国を建国した神武天皇についてはまったく知りません。

明治天皇の玄孫で作家の竹田恒泰氏は、以前、大学生に「僕はべつに天皇を否定するつもりはないのですが、なぜ天皇・皇室があるのか、そしてなぜそれが尊いのか、誰も教えてくれなかったので知りません」と言われて絶句したといいます。

まさにGHQが仕組んだ洗脳工作を日教組が忠実に実行し、教育の場で「君が代」と「日の丸」を拒否する行為と同様のことが、天皇についても行われているのです。

私はこの状況にとても危機感を抱いています。天皇は神話の時代も含めると、約二七〇〇年という長い歴史を紡いできた日本という国の象徴です。歴史の縦軸である天皇を知らないということは、国籍と民族は日本人なのに、日本という国の根本を知らないということにもなります。結果として、日本の文化や伝統、日本人としての美徳や価値観を何とも思わない、根無し草のリベラルが量産されてしまうのです。

彼らがいかにおかしなことを言っているか、いくつか例を挙げてみます。経済評論家の森永卓郎氏は、こんな発言をしています。

「私は日本丸腰戦略というのを提唱しています。軍事力をすべて破棄して、非暴力主義を貫くんです。仮に日本が中国に侵略されて国がなくなっても、後世の教科書に『昔、日本という心の美しい民族がいました』と書かれればそれはそれでいいんじゃないかと」(「東京スポーツ」二〇一一年一月一日付)

彼は日本という国家の価値をどう思っているんでしょうか。断言しておきますが、侵略されて国がなくなれば、歴史から抹殺されて、「日本という心の美しい民族」が語り継がれることなど決してありません。日本が一度も滅んだり、植民地にされた経験がないからこそ、森永氏はこんなトンデモ理論を発想できたのでしょう。まさに「平和ボケ」です。

また、立憲民主党の枝野幸男代表は、改憲についてこう述べています。

「憲法の本質は国民の生活を守るために国家権力を縛ることにある。首相が先頭に立って旗を振るのは論外だ」

枝野氏は弁護士出身なので、法律や法理論を自己流に解釈し、あたかも正論に見せかけることで、素人を煙に巻こうとする発言が多いと感じます。このケースでは、憲法の概念や三権分立を杓子定規に解釈した非現実的な「極論」を、正論のごとく語っています。アメリカの法科大学院でこんな主張をしたら、教授に「お前はアホか」と言われて終わりです。こんな主張を学期末まで続けていたら、憲法の単位は絶対にもらえません。

議院内閣制を採用する日本の場合、行政府の長である首相（内閣総理大臣）は、通常、国会に最大多数の議員を送り込む与党の代表者でもあるはずです。与党国会議員のリーダーでもある人物が、行政府の長を兼任しているから、憲法改正の旗を振っては駄目というならば、いったい誰が主導すればいいのでしょうか。

日本の多くの野党議員は、国政よりも選挙を重視する無責任な人々です。今では国会審議の邪魔だけが、選挙用自己ＰＲのためのルーチンワークと化している。だから、こういう無責任な発言ができるのです。そしてメディアの大半も左寄りなので、政権与党は批判しても、左派的野党の無責任さや不祥事はほとんど批判しない。まったくアンフェアであり、異常です。

「現実に合わせて憲法を変えるのではなく、憲法が掲げる理想に向かって努力すべき」

これは社民党副党首の福島みずほ参議院議員の発言です。福島氏も弁護士出身ですが、現実よりも憲法の理想が優先されるとは、いったい、どこの宗教ですか? 政治家の発言とは思えませんし、法律家としては「本当に憲法を勉強したことあるの?」と聞きたいです。

頭痛がしてくるのでこの辺でやめておきますが、彼らの国家観に(国家観があればの話ですが)天皇はいないのも同然です。日本の伝統や文化にも興味はなく、関心があるのは日本を弱体化させるためにアメリカが押しつけた憲法を死守することなのです。あまりにも深く洗脳されているからなのか、それとも日本を弱体化させたい勢力の一員だからなのかは知りませんが、彼らには、日本の国益を考えた冷静な議論を行う、意志も能力もありません。彼らには「国の唯一の立法機関」の構成員として働く気持ちがないのです。

これは運命共同体としては危機的状態です。国家の中心を憲法第九条という偽善的迷信に置き換えたところで、天皇のような求心力が働くわけではありません。そんなマッカーサーでさえ理解していたことを、日本人の彼らがなぜわからないのでしょうか。いつの時代にも、変わった考えの人間はいるものですが、それが国会議員という地位を得て、ろくに仕事もせずに高額な歳費をもらっているというのは、本当に困ったものです。

天皇はいまも昔も変わらぬ、国民統合の象徴です。似たような存在にイギリスの王室がありますが、アメリカにはありません。代わりにアメリカの愛国心を支えているのが国旗です。アメリカの学校では、毎朝、国旗に向かって忠誠を誓います。これで国を取りまとめるのです。

日本の学校や左派的な国政政党は、国歌も国旗も嫌だというのですから、せめて世界に誇るべき天皇の存在くらいは大事にしたらどうでしょうか。

私はこう思っています。近い日、憲法第九条が改正された暁には、九条真理教のみなさんは精神的支柱を失います。そのポッカリ空いた隙間に、もう一度、平和の象徴として天皇を置き直しましょう。戦後の日本の平和的な歩みから見ても、それ以前の日本の歴史と伝統から考えてみても、それがもっとも健全な姿だと私には思えるのです。

おわりに

私が初めて日本の土を踏んでから、五〇年近くが経とうとしています。ひょんなことからテレビに出演するようになり、講演会の講師として呼ばれるようになったおかげで、これまで幾度となく日本中を飛びまわってきましたが、四季の変化に富む素晴らしい景観とともに、さまざまな各地の文化にもふれてきました。

そうするなかで気づかされるのは、日本の伝統文化に、いかに天皇や皇室由来のものが多いかということです。皇室自体が日本の神話や歴史と一体となった存在であるだけに、当然のことなのかもしれませんが、序章でもふれたように、神社の多くが皇室と何かしらゆかりがある神さまをお祀りしていますし、元日やひな祭り、結納……など、宮中行事が民間に広まったとされるものも多数あります。京都の祇園祭や青森のねぶた祭りをはじめ、由緒あるお祭りの多くが、天皇や皇室の歴史と関係があります。

和歌にしても、「小倉百人一首」には天智天皇や持統天皇など、天皇が八人、親王・内親王が各一人の、計一〇人の皇室の歌が選ばれています。折にふれて歌に詠む習慣が皇室になければ、和歌が日本の文化として発展・存続することはなかったでしょうし、もちろんそこから連歌や俳句が生まれることもありませんでした。おそらく、平安時代の優雅な貴族文化も存在せず、現存する世界最古の長編小説ともいわれる『源氏物語』も誕生しなかったでしょう。

私のような外国人にとっては、日本文化を知れば知るほど、その背景に天皇や皇室の存在が深くかかわっていることに気づかされるのです。

その一方で、日本人は普段、こうした伝統文化や行事において、あまり皇室由来であることを意識していない、あるいはもともとそのような知識がないようにも感じます。

宮内庁のホームページによれば、天皇陛下の宮中祭祀は主要なものだけで二四もあります。外国大公使の接受、国会開会式へのご出席や園遊会、国賓のための公式晩餐会などのご公務はテレビでもよく目にしますが、それ以外にも見えないところで、「国民の幸せのための祈り」をなされているわけです。

元旦はまだ日も昇らぬうちの寒冷のなか、天皇は伊勢神宮、歴代天皇・皇后の御陵、四方の神々を遥拝し、国家安寧、国民の幸福や豊作を祈る「四方拝」に臨まれるそうです。

宮中祭祀でもっとも重要なものが一一月二三日の新嘗祭《にいなめ》で、天皇はご自身が栽培された新穀などを皇祖はじめ神々にお供えになり、神恩を感謝されたあと、ご自身もお召し上がりになるそうです。

そして一二月三一日には皇族をはじめ国民のためのお祓いである「大祓《おおはらい》」が行われますが、その数時間後には新年元旦の「四方拝《しほうはい》」が行われるわけです。

こうした天皇の「お祈り」について、どれだけ日本人が知っているのでしょうか。神聖な儀式ですから、テレビや写真にはなかなか映せないとは思いますが、「日本国及び日本国民統合の象徴」という存在なのですから、祭祀の内容や意味、日本文化とのつながりなどについて、学校教育などでもっと教えるべきでしょう。

もし、天皇や皇室について、あるいはその由来が記された日本神話について、日本人がかつてほど学ばなくなった、知る機会が少なくなったとするならば、それはやはり、戦後のＧＨＱの占領政策が、いまも大きな影響を与えている証拠だと思います。

本書で述べたように、マッカーサーは「天皇制」を残した一方で、多くの皇族が皇籍離脱を余儀なくされる、皇室弱体化の施策も行いました。また、ＧＨＱはＷＧＩＰという洗脳工作によって、日本人に軍事アレルギーと自虐史観を植えつけ、自国への誇りをもてないような国にしようとしました。いずれも自分たちの占領統治と覇権争いに都合のいい状態をつくるためでした。

私はこれまでの著書で、ＷＧＩＰの存在とその悪影響を暴き、日本人に対してその洗脳から解き放たれ、自国への誇りを取り戻すべきだと説いてきました。それは、日本人がこれまで守り育ててきた素晴らしい伝統や文化、あるいは日本人の勤勉で奥ゆかしい民族性を、今後も大切にして、次の世代に引き継ぐべきだと考えているからです。

長年日本に暮らし、日本の伝統文化や日本人の美風に魅了されてきた外国人として、同時に、ＧＨＱを通じて占領政策を主導したアメリカの出身で、ＷＧＩＰや新憲法を日本に押しつけた国の人間として、隠されてきた真実を知らせることが私の務めだと考えています。

そして、その日本の文化や国柄を語るうえで欠かせないのが、天皇や皇室の存在なのに、それが戦後教育やメディアでないがしろにされていると感じたことが、今回、本書を著した大きな理由でした。

本書の題名どおり、万世一系というのは「世界の奇跡」です。

もっとも、東日本大震災をはじめ大きな災害が起こった際に、天皇陛下が被災地を訪問され、被災者一人ひとりにお言葉をかけられ、また国民も、そのお姿をありがたいと感じ、勇気づけられる光景を見ると、日本人と天皇との絆は、戦後も確固として続いていて、「それほど心配することはないかもしれない」と思うときもあります。

外国人である私には、「日本人にとっての天皇」について、どうしても真の理解が及ばない部分もあると思います。しかしながら、日本人にとって天皇・皇室が決定的に重要な存在であることは、外国人だからこそ客観的にわかります。本書は、そんな外国人から見た天皇論でもあります。

本書がそれぞれの読者の方にとって、「日本人と天皇」の関係をあらためて考えるきっかけとなれば、たいへんうれしく思います。

【著者略歴】

ケント・ギルバート（Kent Sidney Gilbert）

1952年、アイダホ州に生まれる。1970年、ブリガムヤング大学に入学。翌1971年に末日聖徒イエス・キリスト教会のモルモン宣教師として初来日。経営学修士号（MBA）と法務博士号（JD）を取得したあと国際法律事務所に就職、企業への法律コンサルタントとして再来日。

弁護士業と並行して英会話学校「ケント・ギルバート外語学院」を経営。またタレントとしてもテレビに出演。2015年、アパ日本再興財団による『第8回「真の近現代史観」懸賞論文』の最優秀藤誠志賞を受賞。『日本人の国民性が外交・国防に及ぼす悪影響について』と題した論文は、日本人の誠実さなどを「世界標準を圧倒する高いレベル」と評価。一方、その国民性が「軍事を含む外交の分野では、最大の障害になる」とした。

読売テレビ系『そこまで言って委員会ＮＰ』、ＤＨＣテレビ『真相深入り！虎ノ門ニュース』などに出演中。

著書に、『まだGHQの洗脳に縛られている日本人』『やっと自虐史観のアホらしさに気づいた日本人』（以上、PHP研究所）、『儒教に支配された中国人と韓国人の悲劇』『中華思想を妄信する中国人と韓国人の悲劇』（以上、講談社）、『日本人だけが知らない世界から尊敬される日本人』（ＳＢクリエイティブ）など多数。

天皇という「世界の奇跡」を持つ日本

第１刷――2019年３月31日

著　者――ケント・ギルバート
発行者――平野健一
発行所――株式会社徳間書店
東京都品川区上大崎３－１－１　郵便番号141-8202
目黒セントラルスクエア
電話　編集(03)5403-4344　販売(049)293-5521
振替00140-0-44392
印刷製本――大日本印刷(株)

乱丁・落丁はおとりかえ致します。

ISBN978-4-19-864774-2